『十二五』职业教育国家规划教材
经全国职业教育教材审定委员会审定

国学教养教育丛书

立体化教材

丛书主编 宋婕

中華傳統文化精粹

（第三版）

主编 宋婕

中国人民大学出版社
·北京·

图书在版编目（CIP）数据

中华传统文化精粹/宋婕主编．-- 3 版．-- 北京：中国人民大学出版社，2023. 3

ISBN 978-7-300-31246-0

Ⅰ.①中… Ⅱ.①宋… Ⅲ.①中华文化—教材 Ⅳ.①K203

中国版本图书馆 CIP 数据核字（2022）第 221312 号

"十二五"职业教育国家规划教材

经全国职业教育教材审定委员会审定

国学教养教育丛书

中华传统文化精粹（第三版）

主 编 宋 婕

Zhonghua Chuantong Wenhua Jingcui

出版发行	中国人民大学出版社		
社　　址	北京中关村大街 31 号	**邮政编码**	100080
电　　话	010－62511242（总编室）		010－62511770（质管部）
	010－82501766（邮购部）		010－62514148（门市部）
	010－62515195（发行公司）		010－62515275（盗版举报）
网　　址	http://www.crup.com.cn		
经　　销	新华书店		
印　　刷	北京昌联印刷有限公司	**版　　次**	2014 年 3 月第 1 版
开　　本	787 mm×1092 mm　1/16		2023 年 3 月第 3 版
印　　张	13	**印　　次**	2023 年 3 月第 1 次印刷
字　　数	248 000	**定　　价**	42.00 元

国学教养教育丛书编委会

总序

21世纪以来，人们开始倡导“素质教育”。“素质教育”也可以理解为知识性的，如果是“知识教育”，近代至今并不缺少，何需重提呢？那么，倒不如以“教养教育”取代“素质教育”，更能应合现代社会的急迫需要。

现代社会面对的主要问题，毫无疑问是过度张狂的利欲追求问题。这种过度张狂、毫不掩饰的利欲追求，其思想渊源可以追溯到西方近代像霍布斯、洛克等一批人物的理论构造。西方近代的这些思想家们，以“自然状态”为口号把人从神的禁制下解放出来，以“每个个人”为口实把个人从等级统治中解救出来；由之，在“自然状态”下“每个个人”的共同性，便得以而且亦只可以归结为“好利恶害”“趋乐避苦”等一些功利性的追求。如果说，近代思想家们在与中世纪被视为“黑暗时代”的抗争中自有其进步意义，那么，在它以个人利欲追求为中心打开的俗世化路向越往现代走来，便越显得肆无忌惮与不择手段。每个个人再也无所畏惧；个人与他人，个人与社会，种族与种族，国家与国家，为获取最大利益而不得不处于无休止的对抗中。人类为自身的利益毫无节制地掠夺自然，同时也使人与自然的关系陷于日益紧张的状态。

难道这就是“人”？这就是人类的“理想”？人就只能生存于永无终了的利欲争夺，备受由争夺带来的喜怒哀乐的折磨？庄子在所作的《齐物论》篇曾经叹息：“一受其成形，不亡以待尽。与相刃相靡，其行尽如驰，而莫之能止，不亦悲乎！”难道这是人愿意选择的生存处境吗？

面对现代社会人类生存的这种困境，若要从中“出走”，毫无疑问需要重新回到“人是什么”“如何才能成为人”这些基本问题。这正是“教养教育”回应的问题。“教养教育”的宗旨，就在于要把人塑造成有超越功利的价值理想、对人类与自然世界有责任担当、有精神气质与心性涵养的一类人。

而在“教养教育”的实施方面，中国古典文化能够提供极其丰富的思想资源。中国上古社会，殷商时期还是以自然血统纽带建构起来的，入周以后即开启了“人文化成”的大格局。这一转变，恰恰体现了人“由自然向社会生成”的转变。人作为社会人必须被“文化”，由是需要“教养教育”。“教养教育”通过各级学校实施。教育的内容，依《礼记·王制》所述：“乐正崇四术，立四教，顺先王《诗》《书》《礼》《乐》以造士。春秋教以《礼》《乐》，冬夏教以《诗》《书》。”所教以《诗》《书》《礼》《乐》为科目，这便是“教养教育”。

由“教养教育”开创的时代，日本学者本田成之曾美称：

此时学问与艺术完全融合，所谓艺术的教育的时代，是把人世的本身艺术化了的周朝的、“郁郁乎文哉”的时代的想象……这样，较人间的杀伐性，使四海悉至于礼乐的生活，则是所谓“比屋可封”的理想的社会里。尤其是重音乐的大司乐时代，是周代文化达于最高调之时。①

由“教养教育”所造之“士”，则极为国学大师钱穆所赞赏：

大体言之，当时的贵族，对古代相传的宗教均已抱有一种开明而合理的见解。他们对于人生，亦有一个清晰而稳健的看法。

当时的国际间，虽则不断以兵戎相见，而大体上一般趋势，则均重和平，守信义。

外交上的文雅风流，更是表现出当时一般贵族文化上的修养与了解。

即在战争中，犹能不失他们重人道、讲礼貌、守信让之素养，而有时则成为一种当时独有的幽默。道义礼信，在当时的地位，显见超出于富强攻取之上。《左传》对于当时各国的国内政治，虽记载较少，而各国贵族阶级之私生活之记载，则流传甚富。

他们理解之渊博，人格之完备，嘉言懿行，可资后代敬慕者，到处可见。春秋时代，实可说是中国古代贵族文化已发展到一种极优美、极高尚、极细腻雅致的时代。②

春秋之后，中国古典社会也不时为功利与权力的争夺所困迫，以《诗》《书》《礼》《乐》为主导的“教养教育”也间或有所中断。然每一个新政权建立，都必当

① ［日］本田成之．中国经学史．上海：上海书店出版社，2001：45.

② 钱穆．国史大纲：上．北京：商务印书馆，1996：71.

以恢复“教养教育”为重要使命。中国古典社会得以“礼乐文明”著称，毫无疑问即由“教养教育”营造。

当然，社会的现代走向，自有社会发展自己的内在逻辑，社会结构如何才来得更“公平”，也自有社会演变自身的某种脉络。“教养教育”面对社会的这种“现代性”，无疑需要有所调适。但是，人之为人，人要成为人，人要讲求精神教养，讲求风流典雅，对他人、社群、自然要承担责任，这是任何时代都不可或缺的。

正是出自社会对“教养教育”的需要，广州城市职业学院成立国学院，致力于培养既有人文涵养和精神追求，又有一技之长的高素质人才，以期古典优秀文明得以持守和传播，使学生既能立人也能立业。进而，国学院院长宋婕教授组织力量，编撰这套关涉中国古典思想、古典艺术的理论与实践的丛书，以为“教养教育”的开展提供丰富资源，其努力更加可贵。

因之，我特撰本文衷心祝贺这一套丛书的出版，并期盼广大读者从中获得良好教益！

中山大学哲学系
冯达文

前言

在漫长的历史进程中，中华优秀传统文化作为我们民族精神的根与魂，滋养化育出一代代闪耀于人类历史上的圣哲先贤和民族英华，成为中华民族生生不竭的源泉和动力。党的二十大报告指出，我们必须坚定历史自信、文化自信，坚持古为今用，推陈出新。今天，身处新时代中国特色社会主义建设大潮中，我们该如何讲清楚中华优秀传统文化的历史渊源、发展脉络、基本走向，讲清楚中华文化的独特创造、价值理念、鲜明特色，以增强文化自信和价值观自信？该如何重新审视中国传统的精神资源，做到古为今用、推陈出新？作为新时代的高等院校，又该如何有效开展中华优秀传统文化教育，才能培养出真正承担起民族复兴大任的一代新人？

一

对于传统文化所具有的价值，其所包括的核心思想，学者们有着不同的理解和概括。不过，无论我们如何归纳传统文化，都不能忽视一个事实，那就是延续几千年的中国传统的学问是一种以开启智慧为根本旨趣的求道的学问，正如楼宇烈先生所言，中国传统文化从某种意义上可称为道文化，“中国传统文化的任务是明道、行道、传道，人生境界以求道、悟道、证道为根本，各种技艺也都以‘载道’为内涵，以达到‘道’作为最终究竟。”而求道的过程又一定与自家性命息息相关，因此牟宗三先生又将传统学问称为“生命的学问”。这种学问是古圣先贤通过躬身实践体悟到的宇宙人生的真理，这真理又由其传承者在理论和实践中不断总结，形成各家各派较为完整的理论体系，并发展出形式多样的教化方式，其最终目的是使社会人群经由一定的教化，明德守礼、完善人格、自利利他。这样的学问超越了时空与族群界限，绝不仅是少数专家学者在书斋里研究的对象，更是普罗大众修习实践、滋养身心和安顿生命的现实途径。

作为生命之学的传统文化，关心的主要问题不是知识问题而是价值问题，也就是说，如何完善人格和精神生命的问题，这与西方主流哲学家仅仅将哲学思想的起点视为逻辑预设的知识论建构方式大异其趣。从这个意义上看，中华传统文化为人类贡献的是成就精神生命的学问，或者说是开启人类智慧的学问，直到今天，它仍然是我们安身立命的精神家园。

在古往今来的实践中，中国传统开展教化的方式包括三个层面，即礼教、诗教和乐教。与现代教育相类比，这三个层面的教育大体可与品德教育、诗文教育和音乐教育相对应。品德教育用来培养学生的基本素质和修养，是一种使人成其为人的教育；诗文教育包括传统的诗、词、歌、赋和书法等教育，是一种气质教育，可以在品德教育的基础上提升学生的审美品位；音乐教育寓教于乐，在培养学生的高雅品位和高尚情操方面可达到润物无声的功效。

二

不可否认，有些高校存在着重知识、技能教育而轻德性、人文教育，大学生中也不同程度存在着信念危机、道德淡漠、心理失衡等问题，学生亟须建立正确的世界观和人生观、健康有效的价值引导和心理疏导。中华传统文化中富含的健康、有益的资源正好可以弥补现行教育的不足。概括地说，传统文化可以从下述几个方面发挥其独特的教育功能。

传统文化有助于学生提高人文素养。工业文明是以大机器生产为主要生产方式的文明，这种文明自然要求能够满足其生产方式需要的工具性的人。高校作为直接为该文明培养人才的基地，它自然会注重培养掌握工具性技能的人才，这就难免出现法兰克福学派思想家们所说的“单面人”。这一点在职业院校尤为突出。然而，“君子不器”，人的本性要求自己成为各方面综合发展的有机体。面对现实的困惑、社会的压力，“躺平”是无济于事的，伴随工业文明而来的种种休闲或娱乐方式也不过是暂时缓解紧张情绪的稀释剂，无法解决内心深处的焦虑感。而传统诗、词、歌、赋、琴、棋、书、画等艺术，它们本身不是为某种功利目的设置的学问，而是抒情言志、修身养性的途径，具有化导人心的强大力量，无疑是高校学生提升人文素养的上佳途径。

传统文化有助于学生认识自己。古人云：“以铜为鉴，可正衣冠；以古为鉴，可知兴替；以人为鉴，可明得失。”中国人尽管已在欧风美雨吹拂下度过了上百年，但我们身上流淌的仍旧是华夏先人的血液。为了更加清楚地认识我们的现在和未来，我们有必要更好地了解自己的过去。然而，不可否认的是，自新文化运动以来，我们在与西方文明接轨的过程中，不少知识分子在痛惜中国贫穷落后的时候，矫枉过正地摒弃了传统，盲目、痴迷地模仿西方，结果是我们所学的西方文明固如逾淮之橘，而固有的传统则几乎丧失殆尽。今天，面对繁体字和文言文，多数大学生如对天书，以致不少有识之士慨叹当代大学生的英文水平远远超过了其国文水平。如此国民，如何能了解自己的过去？不能了解自己的过去，如何能真正清楚自己的现在？又如何能切实把握自己的未来？我们的文化自信何以建立？当此存亡继绝之时，吾人还不重振传统文化，更待何时？

传统文化有益于学生安身立命。现代人之所以痛苦，工业文明的挤压固然是一个方面，但更重要的还在于难以确立起健康的人生价值观，大学生亦不例外。造成这种局面的原因，并不是没有可供我们选择的健康的生命哲学，而是学校在培养工具性人才时，往往弱化了对学生进行生命哲学的教育。正如前面所指出的，中华传统文化本质上说是以安身立命为终极追求的生命哲学，即孔子所谓的“为己”之学。如果我们在为学生传授谋生技能的同时，也为他们敞开一个诗情画意的世界，为他们打开安顿精神生命的智慧之门，那么，我们所给予学生的就不只是找饭吃的技能，还有如何吃好一日三餐，如何保持身心平衡，以及如何与他人、社会及自然和谐共处的能力。

高校开展传统文化教育，旨在加强学生对自身在宇宙中的地位、意义和价值的觉解，形塑其丰厚蕴涵、高尚人格、高雅品德，逐步形成人与人、人与社会、人与自然的良性关系。这种教育与时下不少高校倡导的通识教育有所不同，而类似于19世纪英国学者纽曼所谓的“博雅教育”：“博雅教育是相对于职业或实用教育而言的，其目的在于培育‘统一的人格’（unified personality）；而通识教育是相对于专业教育而言的，其目的在于达到‘统一的知识’（unified body of knowledge）。”

三

关注学生健康人格的塑造、落实“立德树人”根本任务是党和国家对于高职院校和高职人才的基本要求。但是，与普通高校相比，高职院校有其特殊性：其一，从学历教育来看，高职院校多为专科院校，学制短、课程多，较难像普通高校那样安排出相当的时间为学生开设传统文化类课程。其二，从教学目的上看，普通高校除注重专业教学外，还注重一定的知识基础与方法论训练，而高职院校更侧重培养技术技能型人才，简单地说，就是合格的职业人。其三，从生源上看，高职院校学生的录取分数大大低于普通高校学生，学生整体素质特别是理论素养相对较低，但他们的动手能力强，具有理论水平弱、实践能力强的特点。其四，从学生的认知期待来看，不少学生进入高职院校的目的很明确，就是学得一技之长，因而他们比普通高校学生更容易提出“学这门课对我有什么用”之类的问题。

在此理念的推动下，广州城市职业学院于2006年5月成立了全国高职院校首家国学院，面向全校学生开设了以“国学精粹”必修课为核心的传统文化教育系列课程，每年有2 000余名学生修学课程，并围绕课程进行传统文化实践活动，有效地推动了传统文化在校园内外的传播和普及。在多年教学实践的基础上，我们策划编写了这套“国学教养教育丛书”。丛书作者皆为广州城市职业学院专兼职教师或客座教授，其中不少还是该领域极有影响的专家学者。丛书的编写得到了传统文化诸多研究领域专家的支持与指导，中宣部和教育部“马克思主义理论研究和建设工程·中国哲学史教材编写组”首席专家、中山大学哲学系冯达文教授为丛书撰写总序，原中国书法家协会副主席、中山大学中文系陈永正教授为丛书题写书名，在此谨向他们致以衷心的感谢！本教材原名《国学精粹》，第一版于2014年由中国人民大学出版社出版、投入使用后，得到了不少专家和同行的肯定，并获评“十二五”职业教育国家规划教材；2018年经修订出版了第二版，被越来越多的兄弟院校选用，以课程和教材为核心的教学成果“高职院校中华优秀传统文化教育‘一课三平台’育人模式的构建与实践”获得国家级教学成果奖二等奖。这次，我们在中国人民大学出版社的支持下，再次对教材进行修订。本次修订基本秉承原教材的编写理念，在教学内容上以“道”为核心，以“传统文化与人生智慧”为主线，依“明道—修道—传道”为章节次第，着重介绍儒、道两家思想的人生智慧，凸显中华传统文化的精神资源，具体从四方面做了修订，其一，将书名更改为《中华传统文化精粹》，为的是与国家下发的各类文件的提法保持一致，同时避免“国学”这一概念的含混与争议。其二，增加了传统修身实践的内容，修订后的教材分为“传统文化与人生（绪论）”以及“儒家的修身之道”“道家的超越智慧”“君子的人生修养”三编，除让学生掌握传统文化的主要脉络和思想精华外，更贴近学生生活，注重传统文化的创造性转化和创新性发展，力求寓教于乐，追求知行合一。其三，注意课程思政内容，在每一编中除设定知识、能力、素质三大目标外，还提示课程要点。其四，致力于打造新形态教材，将我们多年在教学实践中建设的数字化资源体现出来，点击书中二维码可观看教师相关教学视频、校本动画资源等内容，为学生课内外学习和体验提供了便利。

本次教材修订，具体分工如下：宋婕教授提出并确定教材修订方案和编写体例，负责教材前言、绪论的修订及全书统稿；黄冠文老师修订第一编第一、二章，编写第三编第四章，并承担了第三编的配图工作；李俊博士修订第一编第三章；陈凯玲副教授编写第三编第一、二章；黄伟明博士修订第二编；谭习龙博士编写第三编第三章；董方明老师编写第三编第五章。在编写和修订教材过程中，借鉴了相关领域专家的研究和教学成果，因教材体例原因，没有一一标明出处；出于美化版面所需，还选用了部分新闻图片与绘画作品，在此对原作者表示由衷的敬意和谢意！

在高职院校开展好传统文化教育是一项长期、复杂的工程，但只要我们立足于时代要求，将立德树人放在教育首位，就能探索出一条适当的教育途径，引导学生亲近圣贤、净化心灵、服务社会，为中华民族的伟大复兴添砖加瓦。

目录

绪　论　传统文化与人生

知识目标

了解传统文化的特质、价值与学习方法。

能力目标

通过理解中国传统文化的思维方式和精神追求，具备一定的辩证思维能力，并尝试运用于日常生活。

素质目标

认同传统文化、礼敬古圣先贤、增强文化自信。

要点提示

2021年3月22日下午，正在福建武夷山市考察的习近平总书记来到朱熹园，了解朱熹生平及理学研究等情况。习近平表示，我们走中国特色社会主义道路，一定要推进马克思主义中国化。如果没有中华五千年文明，哪里有什么中国特色？如果不是中国特色，哪有我们今天这么成功的中国特色社会主义道路？我们要特别重视挖掘中华五千年文明中的精华，弘扬优秀传统文化，把其中的精华同马克思主义立场观点方法结合起来，坚定不移走中国特色社会主义道路。

绪论旨在引导学生准确理解中华传统文化特质与当代价值，树立文化自觉、增强文化认同，提高文化自信。

学习这门课程，我们首先要了解的是：中华传统文化的意蕴和特质是什么？传统文化在当代社会的价值如何？我们要以怎样的心态和方法去亲近传统、体悟传统智慧？

一

中华传统文化是中华民族在五千年生存发展过程中的精神资源，它具有独一无二的理念、智慧、气度和神韵，是中华民族的根与魂。传统文化虽植根于农耕文明，与脱胎于工业文明的现代文化具有差异性，但它蕴含的丰富哲学思想、道德理念、人文精神、教化思想具有超越时空的价值，是世界文明中一枝愈开愈艳的奇葩。

中华传统文化包罗万象，就其学术分类而言，既包括传统的宗教哲学等义理之学，也包括目录版本等考据之学，更包括诗词歌赋等辞章之学，还包括天文地理、医药科技等经世之学，它可以体现在中国人吃穿住行的方方面面，其表现形态虽然随着时代推移而发生变化，却始终贯穿着中国人对于“道”一以贯之的追求：传统哲学以道显理，传统政治以道治国，传统文学以文载道，传统艺术以艺臻道……由此而积累了中华文化独特的知识智慧和理性思辨，形成了富有特色的文化体系。今天，传统文化在衰落了一百多年后又重新走入人们的视野，表明它确实具有不可磨灭的价值，而且这种价值是近代工业社会以来的文化所不具备的。总的来说，传统文化的独特价值不在于让我们获得许多关于自然、社会的知识（这类学问可称为工具的学问），而在于引导我们了悟宇宙人生的大道，获得安顿我们精神生命的智慧（此类学问可称为生命的学问）。

就人类精神的构成而言，它具有智慧与理性两个世界的内容。理性的世界我们很熟悉，因为绝大部分的知识和学问都是在理性的认知和运作下产生的；智慧的世界属于另一个世界，从理性看上去有些玄妙，很多人都不太了解。中国古人认为，智慧与理性性质不同，智慧具有不同于理性的精神内涵。在理性与智慧的基础上，分别形成人的两种不同的认知方式：由理性形成的是理解或理知的认知方式，由智慧形成的则是体知或体解的认知方式，由此形成了工具与生命两种类型的学问。

所谓工具的学问，指学问的创立者为解决认识过程中遇到的不同类型问题而形成的学问；所谓生命的学问，指学问的创立者在对宇宙人生发生了某种整体、透彻体悟的基础上形成的与其身心感受切己相关的学问。二者的主要区别：第一，工具的学问以主客体二元对立的世界观为基础，生命的学问则以非二元对立的世界观为基础。第二，工具的学问旨在相对改变生活品质，生命的学问则旨在彻底安顿整个生命。第三，工具的学问以理性的逻辑遣词、造句、成文，故有严谨的形式系统，生命的学问以体悟、观察描述世界，往往没有完整的形式系统。第四，工具的学问之真是理性之真，生命的学问之真为体悟之真。第五，工具的学问主要靠与时俱进来开新，生命的学问主要靠师资授受、经典注疏来传承。应该说，这两类学问共同构成了人类精神的丰富内涵，皆不可偏废，工具的学问若不以生命的学问为统摄，则失却魂魄；生命的学问若不容纳工具的学问，亦凸显干枯。二者实为体用圆融之关系。

二

近代以来，工具之学日盛，生命之学不兴。随着科技的发达、人类欲望的增强，人与自然日益陷入一种对抗关系之中。德国哲学家雅斯贝斯曾说：“今天，那种想要认识一切的骄傲，以及把自己看作世界的主人，从而想要按照自己的意愿塑造世界的妄自尊大，叩响了所有的大门。”人成了整个世界的主宰，成为征服自然的主体。若人与自然的关系不再和谐融洽而沦为敌对关系，人在对自然为所欲为的同时，也会为此付出惨重的代价，终将面临自然的加倍惩罚。随着资本主义商业文明的发展，人与人之间的竞争加剧，人变成单子化的个人，在弘扬自我独立性的时候，也把自己与他人对立起来，最后就出现了如萨特所说的“他人就是地狱”雅斯贝斯与轴心时代的状况，痛苦和纷争由此产生，国际战争、种族仇恨、民族争端也在为这个世界的灾难不断地增加砝码。“人类中心主义”的自信，在威力无比的自然面前再也不能不进行自我反省了。

反思人类文明的历史，我们不得不再次认真地对待这样一个看似简单的事实：整个世界是一个互为因果联系的网，都因条件的和合而产生着或近或远的关系，孤立的东西是不存在的，单子化的个人也是无法生存的。当现代人一边住着高楼大厦一边却感觉无家可归的时候，以中华传统文化为代表的关乎整体、注重和谐、安顿精神、崇尚智慧的生命的学问就显得尤为重要。冯友兰先生曾说：“西方是外向的，东方是内向的；西方强调我们有什么，东方强调我们是什么。如何调和这二者，使人类身心都能幸福，这个问题目前难以回答……如果人类将来日益聪明，想到他们需要内心的和平和幸福，他们就会转过来注意中国的智慧，而且必有所得。”

微课

雅斯贝斯与“轴心时代”

作为生命的学问，传统文化不只是知识，更是生命践履的蓝本，否则它与我们的生命就失去了切己相关性。按朱熹的说法，圣人并不说出道德是什么样子的，而是要求你实践它，就像他不说出糖怎样甜，只要求你尝它。学习传统文化，如果学而不习是毫无益处的。因此，“明理”与“笃行”便是对同学们学习传统文化的两个要求。唯有如此，传统智慧才能真正化用于我们的日常生活，真正指导我们获得幸福人生。

三

初习传统文化该从何处入手，才能做到“明理”与“笃行”“知行合一”呢？

明理，最重要的就是要了解古圣先贤洞观宇宙人生实相后，通过各种教化方式为我们显明的道理，这些道理就文字而言是以经典的形式呈现的。因此，要求得智慧之道，我们首先需要学会正确地诵读经典。诵读经典自然先要有一种诵读经典的态度，我们将之概括为：恭敬心、惭愧心、精进心、长远心。当我们诵读经典时，就要像古圣先贤坐在我们面前讲课一样，想着“他就是我的老师，而且是我求了很久才求到的老师”，这样就可以生起恭敬心。这个恭敬心还有一个效用，每每在我们读不懂经典的时候，我们会反省自己学识太浅、智慧不够，由此生起惭愧心。当然，面对惭愧心我们不能自卑，而应该生起誓愿读懂的精进心，一遍不懂就读十遍，十遍不懂就读一百遍！所谓“人一能之己十之，人十能之己百之”。最后，我们还要生起长远心。真正的精进是要持之以恒地精进，不能够只有三分钟热度，如果真的要以圣贤为师，真的要让古圣先贤走进我们心中，获得经典中的妙用，就要把诵读经典当作人生要务。

诵读经典可用两种不同的方式。

第一，以静心的方式来诵读。用这种方式诵读经典，态度整肃庄严尤为切要：要以恭敬心将经典摆在书案上，然后以念念相续、不疾不徐的方式诵读。疾是急躁，徐是懈怠，都不行。念念相续，指读经典时尽量收摄心神，不起杂念。当然，一开始要做到这一点很难，往往才开始诵就想什么时候诵完，或诵着诵着就开小差。发现杂念后要赶紧把心收回来放到经典上，久而久之才能一心不乱。

第二，以理解的方式来诵读。依此方式诵读经典，需要注意三个问题：其一，尽量借助古典概论或者注疏。为什么特别强调阅读古典而非现代注疏呢？因为古典注疏是接着古人传递智慧的注疏，而现代注疏则多是在二元对立思维方式下研究出来的知识，与我们通过经典求取智慧的初衷隔山隔水。但有些经典，像《论语》，古典注疏很多，初学者没有抉择力，最好从与自己相应的一家入手，弄通这家之后再读下一家，否则会陷入注疏海洋而无法自拔。其二，注意经典中同名异义和异名同义的问题。同名异义指同一个名词有不同的含义，异名同义则指不同的名词具有同样的含义，这两种现象在中国古代经典中都非常普遍，如果忽略了这方面的内容，理解古代经典就很容易出问题。产生这种现象的一个重要原因是，传统经典是圣贤当机施行的言教，而不是通过现代学术方式撰写出来的著作，所以大部分经典都带有老师与学生在教学中互动的情境性和鲜活性，典型者如《论语》和禅宗公案。由于学生的根基不一样，其偏好、所学等也各不同，老师随顺汉语多义词或同义词的特征，有时用同一字词表达不同的意思，有时又用不同字词表达同一个意思。当这种现象与老师的独特思想结合在一起时，情况更加复杂。其三，要注意将整部经典的思想及其传统贯通起来领会，避免断章取义。

诵读经典的过程大概会经历四个境界：第一，不知所云境。因为我们长期习惯用二元对立的思维方式思考智慧的经典，而智慧的经典却是从“不二”智慧中当机说出来的活生生的生命智慧，在我们的思维方式未调整之前自然是不知所云。第二，依文解义境。这是通过查字典、看注疏来弄通经典语言文字含义的境界。这种境界虽然懂得了经典的文字句义，但没有真正依智慧的观照方式进入经典，更无法贯通经典的思想。第三，通达一经境。这个境界能够依智慧观照方式进入经典，也能把一部经典贯通起来，知道什么是经典的思想宗旨和归宿，知道它如何依其宗旨和归宿开展思想，又从哪些方面、哪些层面回到其宗旨与归宿，是真正通达一部经典的境界。四是豁然贯通境。这里的贯通，既指智慧观照方式的贯通，也指所学智慧的贯通，小到贯通一家思想，大到贯通一切思想。到了这个时候，才谈得上自如地运用一切学问。

“笃行”就是要修行、实践只有修行才能净化自己的身心。否则只是在理论上通了，算不得真正成就。“切实笃行”之道，儒道各家都有两条路子，即次第修行与非次第修行之路。以儒家为例，儒家的次第修行之路由《中庸》的“自明诚”一语点出，而在朱熹的《大学格物致知补传》中得到集中阐述：“盖人心之灵莫不有知，而天下之物莫不有理，惟于理有未穷，故其知有不尽也。是以大学始教，必使学者即凡天下之物，莫不因其已知之理而益穷之，以求至乎其极。至于用力之久，而一旦豁然贯通焉，则众物之表里精粗无不到，而吾心之全体大用无不明矣。此谓物格，此谓知之至也。”朱熹认为，虽然心与理一，但为人欲所蔽而不得现前，故需要通过内而正心诚意、外而格物致知的功夫，待到功夫成熟，穷理尽性，则心物打成一片，达到陆九渊所谓“宇宙便是吾心，吾心即是宇宙”的境界。

非次第修行之路，就是顿悟之道。在儒家，这个法门由《中庸》“自诚明”一语显明，而由王阳明集大成。王阳明的《传习录》里有“四句教”，所谓“无善无恶心之体，有善有恶意之动，知善知恶是良知，为善去恶是格物”，就是非次第修行之道的典型表达。他先让弟子体悟每一个人都具足良知本体，这个良知本体具足智慧和道德，见真自然知真、见假自然知假，见善自然知善、见恶自然知恶，见美自然知美、见丑自然知丑，修行无非是“致良知”，即在生活中将此良知发用出来。他说：“区区专说致良知，随时就事上致其良知，便是格物；着实去致良知，便是诚意；着实致其良知而无一毫意必固我，便是正心。”这是儒家的顿悟之路。个人可视自己的根基，或者听从师长的建议来选择适合自己的修行道路。

概括来说，我们学习传统文化，要通过诵读经典，切实明白并体悟古圣先贤的“不二”智慧之理，并在这种智慧的观照下将“理”落实到日常生活和学习中的人事物上。如此训练，久而久之，就能够开启智慧，达到知行合一，既令自己身心轻安，亦能涉世利益众生。

典型案例

案例 1　从名牌大学高才生到死刑犯

林某是××大学医学院 2010 级硕士研究生，他与黄某两人先后入住同一寝室。之后，林某因琐事对黄某不满，逐渐怀恨在心。2013 年愚人节前夕，林某在宿舍听黄某和其他同学调侃说愚人节想做节目整人，便联想起其他学校用毒整人的事件，计划投毒“整”黄某。2013 年 3 月 31 日下午，林某进入××大学附属医院影像医学实验室，取出内装有剩余剧毒化学品二甲基亚硝胺原液的试剂瓶和注射器，回到寝室，趁无人之机，将试剂瓶和注射器内的二甲基亚硝胺原液投入该室饮水机内。2013 年 4 月 1 日，黄某从该饮水机接水饮用后中毒，经抢救无效死亡。林某被警方拘捕。2014 年 2 月 18 日××市第二中级人民法院一审宣判，被告人林某犯故意杀人罪，判处死刑，剥夺政治权利终身。2014 年 2 月 25 日，林某向法院提起上诉。2015 年 1 月 8 日，××市高级人民法院终审维持原判。2015 年 12 月 11 日，林某被依法执行死刑。

案例 2　从北大保安到职校校长

张俊成出生在山西长治的一个贫困家庭。初中毕业以后，由于没钱继续读书，不得不辍学在外打工。后来，他通过应聘，当上了北京大学的保安。有一次几个外国年轻人想进北大，但因没有出示证件无法准入。面对外国人不懂中文，自己又不懂英文的状况，张俊成比画了半天，也没人明白他的意思。第二天，张俊成买好书籍后就开始学习英语。不论是夜班轮岗还是与外宾交流，他都鼓起勇气大声朗读并练习对话。西语系曹老师为他的好学所感动，便给了他两张听课证。就这样，张俊成开始和北大学生一起上课。为了不耽误学习与工作，他每天只睡三四个小时，甚至熄灯后还拿着手电筒继续苦读。德语系的张教授听到了他的故事，有空儿就邀请他一起散步，给他讲黑格尔、尼采……开启他的哲学思维。最终，张俊成通过发愤自学，考上了北大法律系，成为第一位自考上北大的保安，被人们赞誉为“北大保安第一人”。张俊成学成以后，回到自己的家乡，到职业学校去应聘教书，从一名普通老师做起，他当过班主任，当上了教导主任，又成为副校长。有了近 20 年的磨砺后，张俊成与志同道合者共同创办了长治市科技中等职业学校，担任这所学校的校长，开始在家乡的土地上播撒新的希望。

阅后思考

1. 知识可以改变命运吗？说说你的理由。

2. 什么样的人是“有知识”的人？什么样的人是“有智慧”的人？请举例说说“知识”与“智慧”的差别。

经典文本

◎ 一阴一阳之谓道，继之者善也，成之者性也。仁者见之谓之仁，知者见之谓之知，百姓日用而不知，故君子之道鲜矣！显诸仁，藏诸用，鼓万物而不与圣人同忧，盛德大业至矣哉！富有之谓大业，日新之谓盛德。生生之谓易，成象之谓乾，效法之谓坤，极数知来之谓占，通变之谓事，阴阳不测之谓神。

——《周易·系辞上传》

【参考译文】阴阳运化是“道”，继承了此道者是善，禀受此道者是性。仁者见到道就称之为仁，智者见到道就称之为智，百姓天天用道却茫然不知，所以圣人体悟的易道罕有人明白。道显现为仁德，潜藏于功用，鼓动化育万物，却不像圣人那样心存忧患，它的美德和大业无与伦比。长养万物为大业，日新月异为美德。生生不息叫作变“易”，拟象天文的卦叫作“乾”，效法地理的卦即是“坤”，穷尽蓍数预知未来称为“占”筮，会通变化是为“事”务，阴阳变化不可思议叫作“神”妙。

◎ 是故形而上者谓之道，形而下者谓之器，化而裁之谓之变，推而行之谓之通，举而错之天下之民谓之事业。

——《周易·系辞上传》

【参考译文】所以居于形体之上的精神因素叫作道，居于形体以下的物质状态叫作“器”，两者互动导致事物交感化育而相互裁节叫作变，顺沿变化规律以推广而又能运行的叫作通，将精密的道理交给天下百姓使用以促进社会发展叫作事业。

微课

《周易》的起源

◎ 夫大人者，与天地合其德，与日月合其明，与四时合其序，与鬼神合其吉凶。先天而天弗违，后天而奉天时。天且弗违。而况于人乎！况于鬼神乎！

——《周易·乾·文言》

【参考译文】圣人，道德与天地一样美善，智慧同日月一样光明，生命如四时一样有序，吉凶像鬼神一样微妙。圣人先于天机而动，天道不会违背他；后于天机而行，也能遵循天道。天尚且不相违背，何况人呢！何况鬼神呢！

◎ 大道之行也，天下为公。选贤与能，讲信修睦，故人不独亲其亲，不独子其子，使老有所终，壮有所用，幼有所长，矜寡孤独废疾者，皆有所养。男有分，女有归。货，恶其弃于地也，不必藏于己；力，恶其不出于身也，不必为己。是故谋闭而不兴，盗窃乱贼而不作，故外户而不闭，是谓大同。

——《礼记·礼运》

【参考译文】大道施行的时代，人民公有天下。选拔有德行的贤人、举荐有道德的能人，讲求诚信、修行和睦，所以人民不仅仅只敬奉自己的亲人，不仅仅只慈爱自己的子女，而是使老年人都能颐养天年，使壮年人可以发挥所能，使幼年人都能健康成长，鳏夫或者寡妇、孤儿或无后者、残疾或生病的人，都能得到照顾与供养。使男子都有职业，女子出嫁各有归属。对于财物，人们只是不愿让它遗弃在地上，倒不一定非藏到自己家里不可；对于气力，人们生怕不是出在自己身上，倒不一定是为了自己。所以钩心斗角的事没有市场，明抢暗偷作乱害人的现象绝迹。所以，家家户户的大门可以不关闭。这就叫大同社会。

◎ 博学之，审问之，慎思之，明辨之，笃行之。有弗学，学之弗能，弗措也；有弗问，问之弗知，弗措也；有弗思，思之弗得，弗措也；有弗辨，辨之弗明，弗措也；有弗行，行之弗笃，弗措也。人一能之己百之，人十能之己千之。果能此道矣。虽愚必明，虽柔必强。

——《礼记·中庸》

【参考译文】要广博的学习，详细的探究，谨慎的思考，明晰的分辨，笃实的履行。有的知识不学则已，学了，学不成就不放下；有的问题不问则已，问了，不理解就不放下；有的事情不思索则已，思索了，没有所得就不放下；有的疑点不分辨则已，分辨了，不明白就不放下；有的工作不做则已，做了，不切实就不放下，别人一次能做到的，我要做它一百次；别人十次能做到的，我要做它一千次。如果能照这个路数去做，那么，即使是愚昧的人也一定会变得聪明，即使是柔弱的人也一定会变得刚强。

经典故事

1. 人皆可以为尧舜

曹交问曰：“人皆可以为尧、舜，有诸？”

孟子曰：“然。”

“交闻文王十尺，汤九尺，今交九尺四寸以长，食粟而已，如何则可？”

曰：“奚有于是？亦为之而已矣。有人于此，力不能胜一匹雏，则为无力人矣。

今曰举百钧，则为有力人矣。然则举乌获之任，是亦为乌获而已矣。夫人岂以不胜为患哉？弗为耳。徐行后长者谓之弟，疾行先长者谓之不弟。夫徐行者，岂人所不能哉？所不为也。尧、舜之道，孝弟而已矣。子服尧之服，诵尧之言，行尧之行，是尧而已矣；子服桀之服，诵桀之言，行桀之行，是桀而已矣。”

——《孟子·告子下》

故事大意：曹交是曹国国君的弟弟。有一次他向孟子请教是不是每个人都可以成为尧舜这样的圣人，孟子表示了肯定。曹交说，文王身高十尺，汤九尺，我介于他俩之间，可我现在只知道吃，我这样的人也能成为像文王和汤那样的圣人吗？孟子回答说，怎么不可能呢？你只要去做就行了。假如有个人，自以为一只小鸡都提不起，那就是毫无力气的人；如果他说可以举起三千斤，那他就是个很有力气的人，要是举得起乌获能举起的东西，那他就是乌获了。人哪里需要担心不能胜任呢？只是不去做罢了。慢慢地走在长者后面就叫作悌，飞快地抢到长者前面就叫作不悌。谁不会慢慢地走呢？只是不这么做罢了。尧、舜之道，无非就是讲求孝悌。你穿上尧的衣服，说尧说的话，做尧所做的那些事，就是尧了。你穿桀的衣服，说桀说的话，做桀所做的那些事，那你就是桀了。

2. 龙场悟道

时瑾憾未已，自计得失荣辱皆能超脱，惟生死一念尚觉未化，乃为石墎自誓曰：“吾惟俟命而已！”日夜端居澄默，以求静一；久之，胸中洒洒。而从者皆病，自析薪取水作糜饲之；又恐其怀抑郁，则与歌诗；又不悦，复调越曲，杂以诙笑，始能忘其为疾病夷狄患难也。因念：“圣人处此，更有何道？”忽中夜大悟格物致知之旨，寤寐中若有人语之者，不觉呼跃，从者皆惊。始知圣人之道，吾性自足，向之求理于事物者误也。乃以默记《五经》之言证之，莫不吻合，因著《五经臆说》。

——《王阳明全集》卷三十二

故事大意：明代大儒王阳明因直言上谏，触怒了宦官刘瑾，被贬谪到条件极为险恶的贵州龙场做驿丞，时刻面临着死亡的威胁。他虽然能够超然面对荣辱得失和艰难困苦，但还未能放下对生死一念的执着。于是他在屋后建了一个石墩，日夜端坐其上，参悟生死要义。在这个艰难的环境中，阳明先生的仆人们却无法适应，纷纷病倒。阳明先生反过来要照顾他们，为他们烧水煮饭；又担心他们心情抑郁，便给他们吟诵诗歌，释放情绪，甚至还唱唱家乡小调，讲讲笑话，让他们忘却烦恼。他因自身的处境，联想到要是圣人处于如此境地，会怎样呢？一天夜里，他恍然大悟自己一直未能参透的“格物致知”之旨，发狂般地欢呼雀跃起来，把仆人们吓坏了。他觉悟到：圣人之道就蕴藏在每一个人的心中，原来自己一直沿用的向心外求理的方法本身就是错误的。之后阳明先生用自己记忆中的《五经》里面的话去验证自己顿悟的成果，结果无一不符。

拓展阅读

以人为本——中国文化最根本的精神

楼宇烈

与西方文化相比，以人为本的人文精神是中国文化最根本的精神，也是一个最重要的特征。中国文化没有一个外在的神或造物主，中国家庭、社会秩序的维护都是靠道德的自觉自律。中国传统文化强调人的主体性、独立性、能动性。

以人为本的中国文化是中华民族对人类的一项重要贡献。在很多人的观念中，现在的人本主义是西方的舶来品，而根本不知道它原来是中国文化的土特产。近代西方文化所倡导的人本主义思想，与中国文化中的人本思想有着密切的关联。

中国自西周以来就确立了以人为本的文化精神，而西方在公元一世纪以后确立的是以神为本的文化，基督教是西方文化的精神核心之一。西方直至欧洲启蒙运动时期才高举起人本主义的旗帜，思想家们启发人不要做神的奴隶，要做人自己。启蒙运动的思想来源之一是古希腊罗马文化，而更重要的来源是十六世纪以后通过西方传教士从中国带回去的以人为本的文化精神。他们以中国的人本思想去批判欧洲中世纪以来的神本文化，高扬人类理性的独立、自主，把中国看作是最理想的社会。从某种程度上讲，欧洲的人本主义是从中国传过去的，深受中国文化的影响。

一

我们一定要知道中国文化中的两个优秀传统：一个是“以史为鉴”，一个是“以天为则”。唐太宗说：“以铜为鉴，可正衣冠；以古为鉴，可知兴替。”（《新唐书·魏徵传》）古代中国重视历史经验的积累。在全世界，中国的历史著作是最系统、最完备的，中国有“二十四史”，还有很多野史或辅助性的历史资料。中国每个朝代等到政权相对稳定以后，做的第一件事是制礼作乐，第二件事就是修前朝的历史。中国以人为本的人文精神就是通过“以史为鉴”总结出来的，是这一文化传统的成果。

西周初期，人们反思夏、商两代兴亡的原因。通过对历史的观察，人们看到夏代发端于大禹治水。当时天下洪水泛滥，民不聊生。大禹把水灾治理好，让老百姓安居乐业，大家拥护他建立了夏朝。可是最后一个君主夏桀，荒淫暴虐，老百姓一天到晚都在诅咒："时日曷丧，予及汝皆亡!"（《尚书·汤誓》）就在这样一个"有夏昏德，民坠涂炭"（《尚书·仲虺之诰》）的时期，商部落在成汤的带领下推翻了夏朝，建立起商朝，老百姓歌颂他把人们从水深火热中解救了出来。商代是中国历史上非常重要的一个时代，我们现在能看到的早期相对成熟的文字就是商代的甲骨文。商代人很信天命，最后一个天子纣王荒淫暴虐，他在位的时候已经出现了民心叛逆，大臣祖伊告诉他，民心都要归向周部落了，得注意了。纣王却说："呜呼，我生不有命在天?"（《尚书·西伯戡黎》）纣王自认为周人也奈何不了他。可哪里知道，西北地区的周部落受到民众的拥护，在武王的带领下，推翻了商朝，纣王兵败自杀。商灭夏，周灭商，在历史上称为"汤武革命"。

以历史为镜，周王朝一开始就认识到这样一个道理："天命靡常。"（《诗经·大雅·文王》）天命是会被别人革掉的。天命怎么变化呢？根据什么变化呢？《尚书》里记载了周人对历史经验教训的总结："皇天无亲，惟德是辅。"（《尚书·蔡仲之命》）这是非常重要的一句话。周人提出了一个重要的观念——"敬德"，而且要"疾敬德"（《尚书·召诰》），即努力地、迅速地提升自己的德行。这就形成了中国文化的人文特征，即决定命运、政权兴亡的不在于外在的力量，而在于人自身德行的好坏。古人认为，上天是根据民意来做事情的，《尚书》里有很多这样的记载，如"民惟邦本，本固邦宁"（《尚书·五子之歌》），"天视自我民视，天听自我民听"（《尚书·泰誓》）等等。春秋时期齐桓公和管仲曾有一段对话：

> 齐桓公问于管仲曰："王者何贵?"曰："贵天。"桓公仰而视天。管仲曰："所谓天，非苍莽之天也，王者以百姓为天。"（《韩诗外传》卷四）

中国文化里的"天"不是简单地指天空，也不是指造物主。天的含义很丰富，是天道的天，天也代表民意。中国文化的人文精神重点就在于人不受外在的力量、命运主宰，不是神的奴隶，而是要靠自身德行的提升。以人为本的人文精神的核心就是决定人的命运的根本因素是人自己的德行，是以"德"为本，而不是靠外在的"天命"，人不能成为"天命"（神）的奴隶。

从中国传统文化中，我们可以看到古人非常强调修身。《大学》的第一句话是："大学之道，在明明德，在亲民，在止于至善。"第一个"明"是发扬光大，第二个“明”是形容这个德是光明正大的。每个人都有明德，我们要把它发扬出来。这几句是《大学》的“三纲领”。《大学》还有“八条目”：格物、致知、诚意、正心、修身、齐家、治国、平天下。其中修身是关键，因此才有“自天子以至于庶人，壹是皆以修身为本”的提法。修身就是自我德行的提升，不仅仅是在口头上、认识上，更重要的是要在行动上、实践上提升自己。

为了不断提升自我的德行，就必须防止物欲的引诱和腐蚀，人不能成为物的奴隶。先秦末期的思想家荀子在书中记载了一句谚语：“君子役物，小人役于物。”意思是说，君子能够控制物，而小人就会被物所控制。《管子》中有一篇文章叫《心术》，这篇文章讲得很清楚，“心”在人体中处于君的地位，五官处于臣的地位，“无以物乱官，毋以官乱心”。眼、耳、鼻、舌、身这些感官要受心的统治和管理，五官与外界接触之后是去管住外物的。眼睛看到美色、鼻子闻到香味、嘴巴尝到滋味，都得去管理物，不能反过来让这些物管住感官，不能让感官管住心，一颠倒就变成小人了。能够用心管住五官，用五官管住外物，这就是君子。因此，要成为一个有独立性、主体性、能动性的人，就不应该被物管住，不能被物欲腐蚀，否则就会丧失做人的底线。

我曾对中国文化中以人为本的人文特色做过一个简单的描述，即“上薄拜神教”“下防拜物教”。

人要自觉地从物欲中解脱出来并不容易，人要自觉自律地奉行为人之道也很艰难。当今世界人与人之间争斗不已，民族、国家内部、外部大小战争不断，新人本主义的大旗仍需要继续高举。20世纪两次世界大战后西方社会高举新人本主义的大旗，就是为了使人从物欲的牢笼中解脱出来，做一个遵循人道、关爱人类、懂得自觉自律的人。

欧洲启蒙运动时期的人本主义思潮在冲破中世纪神本主义文化中取得了极大的成就，发展为西方近代以来的理性文化。西方社会取得了人类社会史无前例的科技、人文文化的大发展、大进步。但同时我们也必须注意到，中国文化中以人为本的人文精神在西方文化传统影响下所发生的变异，即在西方传统文化中非此即彼的二元对立的思维方式影响下产生的一系列问题。当人类从神的脚下站立起来后，人的主体性、独立性、能动性得到了肯定，人就要替代神来主宰天地万物了。人随着理性被肯定，科技力量的增长，喊出了“人定胜天”的豪言壮语。受“科技万能”思想的影响，许多人认为人类应当而且能够征服自然、改造自然。在人类理性力量的成果——科学和技术日益发展的情况下，“科学主义”“科技万能”的思想日益泛滥。人类自以为凭借科技的力量可以随心所欲地去征服、改造自然，主宰宇宙。与神本文化相对的人本主义被异化为人类要主宰一切的“人类中心主义”了。为了满足人类的贪欲，人类对自然的征服、改造又异化成对自然资源的过度开发和掠夺，这使人沦落为物质的奴隶。

二

中国文化还有一个重要的优秀传统，即“以天为则”的传统。

中国文化中的以人为本是强调人的自我管理，是向内的管住自己，不仅要管住感官，更要管住心。人只有管住自己的心，才能管住自己的行为。在传统文化典籍中有这样的记载：“心之在体，君之位也。九窍之有职，官之分也。”（《管子·心术上》）“无以物乱官，毋以官乱心。”（《管子·心术下》）“君子役物，小人役于物。”（《荀子·修身》）人要保持品德，就要警惕物欲的腐蚀。如果放纵自己，对欲望无止境地追求，人就会被物控制住，丧失自己的独立性、主体性、能动性，而成为物的奴隶。

中国文化中另一个重要传统是“以天为则”。孔子说：“大哉！尧之为君也，巍巍乎！唯天为大，唯尧则之。”（《论语·泰伯》）中国人非常强调以天地为榜样，向天地学习。如果去孔庙，人们就可以看到，我们是用“德配天地”“德侔天地”来赞扬孔子的。圣人的品德能够与天地相配，与天地一样高明博厚。从另一个角度来讲，人绝对不能去做万物的主宰，相反，恰恰是要向天地万物学习。道家讲的“道法自然”也是如此，“自然”不是如今所说自然界的概念，而是说事物的自然而然、本然的状态。值得我们学习的“道法自然”就是强调人应尊重事物的本然状态。

天地有很多值得我们学习的品德。我们看到天地从来没有因为喜欢不喜欢而舍弃一些东西，天上的太阳、月亮、星星都是普照万物的，“天无私覆，地无私载，日月无私照”（《礼记·孔子闲居》）。天地是这样的广大无私，包容万物，人类首先就要学习天地的这些品德，很多人说中国的文化讲的是“天人合一”，其实，更准确地说应当是“天人合德”，即人与天在德行上的一致。天地是非常诚信的，孔子说：“天何言哉？四时行焉，百物生焉，天何言哉？”（《论语·阳货》）用一个字来形容天就是“诚”。《中庸》里讲：“诚者天之道也，诚之者人之道也。”孟子也说：“诚者天之道也，思诚者人之道也。”（《孟子·离娄上》）这也就是说，人道是从天道学来的，天道是诚，人也要诚。这一说法在《周易·观卦·彖传》里也可以得到印证：“观天之神道，而四时不忒。圣人以神道设教，而天下服矣。”这里的“神”不是造物主的神，“阴阳不测之谓神”“知变化之道者，其知神之所为乎”（《周易·系辞上》）。在中国传统文化中，

"神"最根本的含义是指万物的变化。过去我们把"神道设教"曲解得一塌糊涂，以为这四个字是讲抬出一个神秘的、高高在上的神来教化大家。其实，这里一点儿神秘主义都没有。我们观察天的变化之道，看到春夏秋冬四时是没有差错的，这就是诚。圣人按照天的神道——"诚"来教化民众，天下就太平了。在某种意义上讲，人最主要的德行都是从天地中学来的。

我们不仅要向天地学习，还要向万物学习。唐代诗人白居易的一首诗中说："离离原上草，一岁一枯荣。野火烧不尽，春风吹又生。"（《赋得古原草送别》）这是要人们学习小草顽强的精神。有两句写竹子的诗："未出土时便有节，及凌云处尚虚心。"这是要人们坚守做人的气节，地位、身份再显赫也要虚心谦下。

最值得人学习的就是水。老子《道德经》中说"上善若水"，也就是说，水具有最高的品德。很多书里都记载了"孔子遇水必观"，中国人很注意向水学习。水的品德太多了。水总是往下流，普润万物，从来不居功自傲，要求回报，这是谦虚的品德。水也能够包容万物，它没有自己的形状，而是随器赋形。孔子说"君子不器"（《论语·为政》）。水还有坚忍不拔、以柔克刚的品德，最柔弱的水滴穿透了坚硬的石头，就是因为水有坚忍不拔的精神。

人们常说，女人是水做的。女人柔弱，可她又有一股韧劲儿，以柔克刚，刚柔相济，这是双赢。如果以刚对刚，定是两败俱伤。现在社会上懂得运用柔的智慧的人太少了。现代社会中，女性的作用日益凸显，人们常常用阴盛阳衰来评说这种社会现象。其实，阴盛阳衰只是从现象上来看的，而实际上是阳盛阴衰。因为本来应该阴的、柔的，现在都变成阳的、刚的了。拿人类与整个自然关系来说，如果说整个自然是阳，人类是阴，现代人要去征服自然，人就变成阳了。以阳对阳，结果是人类自身遭殃。我们是阴，就应该顺应自然的变化规律。

在中国传统文化中，一方面强调人不能做神的奴隶，也不能做物的奴隶，而要做人自己，保持人的主体性、独立性和能动性；另一方面强调人也不能狂妄自大，不要去做天地万物的主宰，而要虚心地向天地万物学习，尊重、顺应自然。"以人为本"的人文精神与"道法自然""天人合一"的思想的结合，保证了中国文化中的人本主义不可能异化为"人类中心主义"。

纵观近几百年来的历史，人与自然的关系、人与人（社会）的关系、身心的关系日趋紧张、恶化，原因之一就是以人为本的人文精神的遗失。因此，现在亟须重振以人为本的人文文化，而抛弃异化了的"人类中心主义"，以及与此相关的“科学主义”“科技万能”等思想，正确地阐释和弘扬中国传统文化中以人为本的人文精神，将它贡献给世界，是当前弘扬中国优秀传统文化的重要任务。

（资料来源：楼宇烈．中国文化的根本精神．北京：中华书局，2016.）

行为训练

1. 请准备好“行为训练”本，用于课堂学习记录和平时行为训练的记录。
2. 请列出你可以向天地学习的十种品德。
3. 日行一礼，并将其记录下来。

阅读建议

1. 黄寿祺，张善文：《周易译注》。
2. 王文锦：《礼记译解》。
3. 钱穆：《国学概论》。
4. 柳诒徵：《中国文化史》。
5. 牟宗三：《生命的学问》。
6. 张岂之：《中国传统文化》。
7. 陈来：《中华文明的核心价值》。

第一编　儒家的修身之道

知识目标

能说出儒家思想发展的基本脉络、代表人物及经典著作，理解儒家思想的主要旨趣，熟读《大学》《论语》等儒家经典。

能力目标

养成记录日常生活行为的习惯，具备反思自身行为的能力，自觉在日常生活中践行中华优秀传统美德。

素质目标

学会运用儒家经典智慧修身处世，自觉将儒家明德精神内化为自身的思想品德和职业修养。

要点提示

习近平总书记指出："孔子创立的儒家学说以及在此基础上发展起来的儒家思想，对中华文明产生了深刻影响，是中国传统文化的重要组成部分。儒家思想同中华民族形成和发展过程中所产生的其他思想文化一道，记载了中华民族自古以来在建设家园的奋斗中开展的精神活动、进行的理性思维、创造的文化成果，反映了中华民族的精神追求，是中华民族生生不息、发展壮大的重要滋养。"

本编通过介绍儒家修齐治平的核心思想理念，鼓励学生树立远大志向，培养学生具备"天下兴亡、匹夫有责"的担当意识，精忠报国的爱国情怀，引导学生德技并修，鼓励学生成就大国工匠。

儒家学派祖述尧、舜，宪章文、武，由孔子集其大成，孟、荀为之羽翼，于战国后期发展成为诸子百家中的蔚然大宗。汉代时，董仲舒“独尊儒术”的主张被汉武帝采纳，儒家思想逐渐成为中国思想文化的主流。宋明以降，以程颐、程颢、朱熹为代表的程朱理学和以陆九渊、王守仁为代表的陆王心学相继兴起，为儒家思想的繁荣发展开拓了崭新的局面。直到近代，儒家思想仍处稳固地位。五四时期，“打倒孔家店”的呐喊极大地撼动了儒家学说作为中国社会主流思想的地位。然亦有以梁漱溟、熊十力、冯友兰等为代表的“新儒家”为继绝学而努力。在全球化的今天，儒家思想的价值日益彰显，被认为是拯救世界的思想资源。1971 年，英国历史学家汤因比在联合国大会上预言，21 世纪将是中华文化的世纪，能够拯救世界的，只有大乘佛法和孔孟之道。1992 年，在日本京都国际学术会议上，与会专家共同认为孔子学说能够指导人类走出环境困境。正如梁漱溟所说：“孔子学说的价值，最后必有一天，一定为人类所发现，为人类所公认，再重光于世界。”

孔子（公元前 551—公元前 479）
儒家学派创始人

儒家思想滥觞于周朝礼乐传统，其根基可以归结到人世间的情感。儒学与古希腊、古中东、古印度所走的路不同，它没有走知识理性的路子，也没有走宗教信仰的路子。儒学回到人世间，发现人们都是生活在情感之中的，凭着人天然的情感就可以获得自救，就可以走出自我、走向他人，走出功利、走向道义。所以，孔孟儒学从正面的道德理想构建儒家的思想体系，从人之皆有的自然情感中找到救心救世的力量和信心，从而提升人的生命境界。儒家以仁、义、礼、智、信为核心价值，强调仁与礼相辅相成，重视五伦与家族伦理，提倡教化和仁政，力图重建礼乐秩序，移风易俗，保国安民，实现“内圣外王”之道。所谓“内圣”，就是提高个人品格修养，成为一个有“德性”的人。儒家学说中蕴含了非常丰富的有关修身立命的人生智慧，教导人们成就个人内在的道德品性，即所谓“成己”。而“外王”，即将成己之德推及于事事物物，以天下为己任，安邦治国，臻至社会大同。儒家学说自诞生之日起，便关注现实社会中出现的种种问题。为匡扶世道、化民成俗，历代儒家学者为人类贡献了丰富的关于国家与社会的治道、政道等方面的智慧。

第一章　明　德

古人认为，道化生万物，是宇宙间一切事物的主宰。《易·系辞》云：“形而上者谓之道。”道，无形无方，玄妙深奥，诸子百家对之的独特理解，形成了各自不同的学说。在儒家看来，道在日用层面体现为人的具体德行，故《大戴礼记》云：“道者，所以明德也；德者，所以尊道也。是故非德不尊，非道不明。”换言之，要尊道，必须明德。此处“明”字作动词解，有发扬显明、圆满成就之意，亦即《大学》“明明德”中的第一个“明”字。

“明明德”中第二个“明”字则解作形容词，其所谓“明德”，即光明正大的德性。《中庸》云“天命之谓性”，人生来便具有上天（道）所赋予之光明正大的德性，这些德性主要体现为仁、义、礼、智、信，是谓“五常”，而孝、悌、忠、恕等德目即囊括在“五常”之中。百善既统摄于“五常”，而“五常”又总归于仁。如朱子所说“盖仁义礼智四者，仁足以包之。若是存得仁，自然头头做着，不用逐事安排”，只要存得仁心，自然能处事得宜（义）、言行有度（礼）、明辨是非（智）、笃实践行（信）。

尽管人人本具明德，然而，由于私欲的障隔、外物的纷扰，世上会出现明德不明、人同禽兽、奸恶并起、世道陵夷的现象。但正如孟子所说：“求则得之，舍则失之”，只要人们反身而诚，必定能求得在我之明德。于是，儒家提倡通过教化来引导人们自觉发扬内心的明德，践行仁义之道，从而实现“身修”“家齐”“国治”“天下平”的理想境界。

典型案例

案例1　“托举哥”勇救悬空女童

2012年6月3日，广州中山大道怡东苑，一个3岁女童悬挂于4楼阳台，一名黄衣男子徒手爬上3楼防盗窗，足足将女童托举了十余分钟。女童获救后该男子悄然离去。几天后，这位被网友称为“托举哥”的黄衣男子被找到，他叫周冲。

周冲说，当时看到那个女童的时候，女童一直牵拉着，花架正好卡在她的喉咙上，连哭的力气都没有了，嘴巴开始有点吐白沫，好像快不行了。于是，他爬到窗户上，数度尝试，终于成功托举女童，为营救争取到了时间。对于自己的善行，周冲说，“这只是举手之劳。”不过，回想双脚悬空、徒手爬窗的一幕，他还是心有余悸的：“刚上去的时候没想那么多，后来回头再想，还真是有点怕。因为小孩在 4 楼，我要从 3 楼的防盗窗往上爬，都不知道那个防盗窗安不安全。”当问到会不会因救女童的事改变自己的生活时，周冲称：“这个真的没想过会改变，刚开始想到小孩子（情况）那么危急，就没想到自己的安全，只想着能把孩子救下来再说。”

案例 2　探究婴儿道德倾向的“登山者”实验

21 世纪初，耶鲁大学婴儿认知中心的研究员展开了一系列针对婴儿道德倾向的研究。其中一个比较著名的实验是“登山者”实验。研究人员设计了这么一个情景短剧：有一个“登山者”（圆球）努力攀登，一个“好心人”（三角形）会协助“登山者”，还有一个“搅局者”（方块）处处使坏。研究人员让婴儿观看短剧，然后将“好心人”和“搅局者”放到婴儿面前的托盘里，看看婴儿会伸手去够哪一个。研究发现，6 个月和 10 个月大的婴儿对“好心人”的偏爱远多于“搅局者”。

为了确保婴儿不是因为喜欢某个形状而选择某个角色，他们又设计了其他实验，用毛绒玩具来扮演“好心人”和“搅局者”。情景短剧结束后，婴儿可以自己选择伸手拿哪个玩偶。基本上所有婴儿最后都会选扮演“好心人”的玩偶。

研究人员又对 3 个月大的婴儿进行了相同的实验。因为这个年纪的婴儿还不能完全控制伸手这个动作，所以仅记录了被试婴儿的眼部运动。结果显示这些婴儿同样对“搅局者”表现出厌恶。

阅后思考

1. 如果你看到女童悬空卡在四楼防盗网外，你的第一反应会是什么？
2. “登山者”实验带给你什么启示？

经典文本

◎ 子曰：“仁远乎哉？我欲仁，斯仁至矣。”

——《论语·述而》

【参考译文】孔子道：“仁德难道离我们很远吗？我要它，它就来了。”

微课

儒家论“仁”大义

◎ 今人乍见孺子将入于井，皆有怵（chù）惕恻隐之心。非所以内交于孺子之父母也，非所以要誉于乡党朋友也，非恶其声而然也。由是观之，无恻隐之心，非人也；无羞恶之心，非人也；无辞让之心，非人也；无是非之心，非人也。恻隐之心，仁之端也；羞恶之心，义之端也；辞让之心，礼之端也；是非之心，智之端也。人之有是四端也，犹其有四体也。有是四端而自谓不能者，自贼者也；谓其君不能者，贼其君者也。凡有四端于我者，知皆扩而充之矣，若火之始然，泉之始达。苟能充之，足以保四海；苟不充之，不足以事父母。

——《孟子·公孙丑上》

【参考译文】譬如现在有人突然地看见一个小孩子要跌到井里去了，任何人都会有惊骇同情的心情。这种心情的产生，不是为着要来和这小孩子的爹娘攀结交情，不是为着要在乡里朋友中间博取名誉，也不是厌恶那小孩的哭声才如此的。从这里看来，一个人，如果没有同情之心，简直不是个人；如果没有羞耻之心，简直不是个人；如果没有推让之心，简直不是个人；如果没有是非之心，简直不是个人。同情之心是仁的萌芽，羞耻之心是义的萌芽，推让之心是礼的萌芽，是非之心是智的萌芽。人有这四种萌芽，正好比他有手足四肢一样，（是自然而然的。）有这四种萌芽却自己认为不行的人，这是自暴自弃的人；认为他的君主不行的人，便是暴弃他君主的人。所有具有这四种萌芽的人，如果晓得把它们扩充起来，便会像刚刚燃烧的火，（终必不可扑灭）；刚刚流出来的泉水，（终必汇为江河。）假若能够扩充，便足以安定天下；假若不扩充，（让它消灭，）便连赡养爹娘都不行。

◎ 孟子曰："人之所不学而能者，其良能也；所不虑而知者，其良知也。孩提之童，无不知爱其亲者，及其长也，无不知敬其兄也。亲亲，仁也；敬长，义也；无他，达之天下也。"

——《孟子·尽心上》

【参考译文】孟子说："有些事情，人不经过学习就能做到，这是因为人有良能；有些事情，人不经过思考就能明白，这是因为人有良知。两三岁的孩子，没有不知道爱自己父母的；等到他长大了，没有不知道敬重兄长的。爱父母，是仁；尊敬兄长，是义；之所以会这样，没有其他原因，因为仁义可以通行天下。"

◎ 大学之道在明明德，在亲民，在止于至善。知止而后有定，定而后能静，静而后能安，安而后能虑，虑而后能得。物有本末，事有终始，知所先后，则近道矣。古之欲明明德于天下者，先治其国；欲治其国者，先齐其家；欲齐其家者，先修其身；欲修其身者，先正其心；欲正其心者，先诚其意；欲诚其意者，先致其知；致知在格物。物格而后知至，知至而后意诚，意诚而后心正，心正而后身修，身修而后家齐，家齐而后国治，国治而后天下平。

——《礼记·大学》

【参考译文】大学的宗旨，在于弘扬光明的德性，在于使人弃旧向新，在于使人达到至善的目标。知道应该达到的目标，然后才能有志向坚定，志向坚定，然后才能心静，心静然后才能神安，神安然后才能周详地思虑，思虑周详然后才能处事得宜。凡物都有本有末，凡事都有始有终，知道事物的先后次序，就接近大道了。古代有想要彰明光明德性于天下的人，先要治理好自己的国家；想要治理好自己的国家，先要整顿好自己的家庭；想要整顿好自己的家庭，先要修养自身；想要修养自身，先要端正自心；想要端正自心，先要诚实自己的意念；想要诚实自己的意念，先要获得知识；获得知识就在于推究事物的原理。推究了事物的原理才能得到真知，得到真知然后才能意念诚实，意念诚实然后才能心正，心正然后才能提高自身修养，提高了自身修养然后才能整顿好家庭，家庭整顿好了然后才能治理好国家，国家治理好了然后才能使天下太平。

微课

《大学》格致章解读

◎ 五性者何？谓仁、义、礼、智、信也。仁者，不忍也，施生爱人也；义者，宜也，断决得中也；礼者，履也，履道成文也；智者，知也，独见前闻，不惑于事，见微者也；信者，诚也，专一不移也。故人生而应八卦之体，得五气以为常，仁、义、礼、智、信是也。

——《白虎通义·情性》

【参考译文】人天生所具有的五种基本德性是什么？那便是仁、义、礼、智、信。仁，就是有怵惕恻隐之心，对万物施与生养之恩，关心爱护他人；义，就是合宜，在判断是非、处理事情时能做到中正不倚；礼，就是人所应履行的行为准则，通过履行礼仪之道而成就令名；智，就是知悉事理，对事情有独到的见解，提前知晓事物的发展态势，不被眼前的事物所迷惑，能做到见微知著；信，就是诚，能专心一意，不改变心志。所以说，人生来便有八体对应八卦的卦象（乾为首，坤为腹，震为足，巽为股，坎为耳，离为目，艮为手，兑为口），禀受五气（木、火、金、水、土）而具备基本的德性，即仁、义、礼、智、信。

经典故事

1. 君子远庖厨

曰：“臣闻之胡龁曰，王坐于堂上，有牵牛而过堂下者，王见之，曰：‘牛何之？’对曰：‘将以衅钟。’王曰：‘舍之！吾不忍其觳觫，若无罪而就死地。’对曰：‘然则废衅钟与？’曰：‘何可废也？以羊易之！’不识有诸？”曰：“有之。”曰：“是心足以王矣。百姓皆以王为爱也，臣固知王之不忍也。”王曰：“然。诚有百姓者。齐国虽褊小，吾何爱一牛？即不忍其觳觫，若无罪而就死地，故以羊易之也。”曰：“王无异于百姓之以王为爱也。以小易大，彼恶知之？王若隐其无罪而就死地，则牛羊何择焉？”王笑曰：“是诚何心哉？我非爱其财而易之以羊也。宜乎百姓之谓我爱也。”曰：“无伤也，是乃仁术也，见牛未见羊也。君子之于禽兽也，见其生，不忍见其死；闻其声，不忍食其肉。是以君子远庖厨也。”

——《孟子·梁惠王上》

故事大意：齐宣王向孟子请教自己是否具备施行仁政的条件。孟子说：“我曾听到胡龁告诉我一件事情：王坐在大殿之上，有人牵着牛从殿下走过，王看到了，便问道：‘牵着牛往哪儿去？’那人答道：‘准备宰了祭钟。’王便道：‘放了它吧！看它那哆嗦可怜的样子，毫无罪过，却被送进屠场，我实在不忍。’那人便道：‘那么，便废除祭钟这一仪节吗？’王又道：‘怎么可以废除呢？用只羊来代替吧！’——不晓得果真有这样一回事吗？”宣王说：“有的。”孟子说：“凭这种好心就可以统一天下了。老百姓都以为王是吝啬，我早就知道王是不忍。”宣王说：“对呀，确实有这样的百姓。齐国虽然不大，我也不至于连一头牛都舍不得吧！我就是不忍看它那种哆嗦可怜的样子，毫无罪过而被送进屠场，才用羊来代替它。”孟子说：“百姓说王吝啬，王也不必奇怪。羊小牛大，您用小的代替大的，他们哪能体会到王的深意呢？但如果说可怜它毫无罪过却被送进屠场，那么宰牛和宰羊又有什么不同呢？”宣王笑着说：“这个我真连自己也不懂是什么心理了。我的确不是吝惜钱财才去用羊来代替牛。您这么一说，百姓说我吝啬倒是理所当然了。”孟子说：“百姓这样误解没有什么关系。王这种不忍之心正是仁爱。道理就在于：王亲眼看见了那只牛，却没有看见那只羊。君子对于飞禽走兽，看见它们活着，便不忍心再看到它们死去；听到它们悲鸣哀号，便不忍心再吃它们的肉。君子把厨房摆在远离自己的场所，就是这个道理。”

2. 即此就是良心

有一野老问先生曰：“先生日讲良心，不知良心是何物？”先生曰：“吾欲向汝晰言，恐终难晓，汝试解汝衣可乎？”于是野老先脱袄袍，再脱裳至裤，不觉自惭，曰：“予愧不能脱矣。”先生曰：“即此就是良心。”

——《韩贞集·乐吾韩先生遗事》

故事大意：有一个在乡野间的老人家问韩贞："先生你每天都讲良知之学，不知道你所说的'良心'到底是什么东西？"韩贞回答说："我想向你详细地解释，但怕说得太深奥了你会听不懂，要不这样，你先脱下你身上所有的衣服吧。"于是，老人家先脱下了上身的衣服，再把套在裤子外面的裳也脱掉了。这时，老人家很羞愧，说道："我觉得很惭愧，决不能把裤子也脱掉。"韩贞说："这就是你的良心所在。"

拓展阅读

道德为人生艺术

梁漱溟

普通人对于道德容易误会是拘谨的、枯燥无趣味的、格外的或较高远的，仿佛在日常生活之外的一件事情。按道德可从两方面去说明：一面是从社会学方面去说明，一面是从人生方面去说明。现在我从人生方面来说明。

上次所说的普通人对于道德的三点误会，由于他对道德没有认识使然；否则，便不会有这种误会。道德是什么？即是生命的和谐；也就是人生的艺术。所谓生命的和谐，即人生生理心理——知、情、意——的和谐，同时，亦是我的生命与社会其他的人的生命的和谐。所谓人生的和谐。所谓人生的艺术，就是会让生命和谐，会做人，做得痛快漂亮。凡是一个人在他生命某一点上，值得旁人看见佩服、点头、崇拜及感动的，就因他在这个地方，生命流露精彩，这与写字画画唱戏作诗作文等做到好处差不多。不过，在不学之人，其可歌可泣之事，从生命自然而有，并未于此讲求。然在儒家则与普通人不同，他注意讲求人生艺术。儒家圣人让你会要在他整个生活举凡一颦一笑一呼吸之间，都感动佩服，从而他使你的生命受到影响变化。以下再来分疏误会。

说到以拘谨、守规矩为道德，记起我和印度泰戈尔的一段谈话。在 1924 年时，泰戈尔先生到中国来，许多朋友要我与他谈话，我本也有话想同他谈，但因访他的人太多，所以未去。待他将离北平时，徐志摩先生约我去谈，并为我们作翻译。到那里，正值泰戈尔与杨丙辰先生谈宗教问题。杨先生以儒家为宗教，而泰戈尔则说不是的。当时徐先生指着我说："梁先生是孔子之徒。"泰戈尔说："我早就知道了，很愿听梁先生谈谈儒家道理。"我本无准备，只就他们的话而有所辩明。泰戈尔为什么不认儒家是宗教呢？他以为宗教是在人类生命的深处有其根据的，所以能够影响人。尤其是伟大的宗教，其根于人类生命者愈深不可拔，其影响更大，空间上传播得很广，时间上亦传得很久远，不会被推倒。然而他看儒家似不是这样。仿佛孔子在人伦的方面和人生的各项事情上，讲究得很妥当周到，如父应慈，子应孝，朋友应有信义，以及居处恭，执事敬，与人忠等等，好像一部法典，规定得很完全。这些规定，自然都很妥当，都四平八稳的；可是不免离生命就远了。因为这些规定，要照顾各方，要得乎其中；顾外则遗内，求中则离根。因此泰戈尔判定儒家不算宗教；而很奇怪儒家为什么能在人类社会上与其他各宗教却有同样长久伟大的势力！我当时答他说："孔子不是宗教是对的；但孔子的道理却不尽在伦理纲常中。伦理纲常是社会一面。《论语》上说：'吾十有五而志于学，三十而立，四十而不惑，五十而知天命，六十而耳顺，七十而从心所欲不逾矩。'所有这一层一层的内容，我们虽不十分明白，但可以看出他是说的自己生活，并未说到社会。又如《论语》上孔子称赞其门弟子颜回的两点：'不迁怒，不贰过'，也都是说其个人本身的事情，未曾说到外面。无论自己为学或教人，其看重之点，岂不明白吗？为何单从伦理纲常那外面粗的地方来看孔子呢？这是第一点。还有第二点，孔子不一定要四平八稳，得乎其中。你看孔子说：'不得中行而与之，必也狂狷乎！'狂者志气很大，很豪放，不顾外面；狷者狷介，有所不为，对里面很认真；好像各趋一偏，一个左倾，一个右倾，两者相反，都不妥当。然而孔子却认为可以要得，因为中庸不可能，则还是这个好。其所以可取处，即在各自其生命真处发出来，没有什么敷衍牵就。反之，孔子所最不高兴的是乡愿，如谓：'乡愿，德之贼也。'又说：'过我门而不入我室，我不憾焉者，其唯乡愿乎！'乡愿是什么？即是他没有他自己生命的真力量，而在社会上四面八方却都应付得很好，人家称他是好人。孟子指点得最明白：'非之无举也，刺之无刺也，同乎流俗，合乎污世，居之似忠信，行之似廉洁，众皆悦之，自以为是，而不可与入尧舜之道。'那就是说外面难说不妥当，可惜内里缺乏真的。狂狷虽偏，偏虽不好，然而真的就好。"——这是孔孟学派的真精神真态度，这与泰戈尔所想象的儒家相差多远啊！泰戈尔听我说过之后，很高兴地说："我长这样大没有听人说过儒家这道理；现在听梁先生的话，心里才明白。"世俗误会拘谨，守规矩为道德，正同泰戈尔的误会差不多。其实那样正难免落归乡愿一途，正恐是德之贼呢！

误以为道德是枯燥没趣味的，或者与误认拘谨守规矩为道德的相连。道德诚然不是放纵浪漫；像平常人所想象的快乐仿佛都在放纵浪漫中，那自然为这里（道德）所无。然如你了解道德是生命的和谐，而非拘谨守之谓，即生命和谐中趣味最深最永。"德者得也"，正谓有得于己正谓有以自得。自得之乐，无待于外面的什么条件，所以其味永，其味深。我曾说过人生靠趣味，无趣味则人活不下去。活且活不下去，况讲到道德乎？这于道德完全隔膜。明儒王心斋先生有《乐学歌》（可看《明儒学案》），歌曰："乐学乐此学，学是学此乐，不乐不是学，不学不是乐。"其所指之学，便是道德；当真，不乐就不是道德呀！

道德也不是格外的事。记得梁任公先生、胡适之先生等解释人生道德，喜欢说小我大我的话，以为人生价值要在大我上求，他们好像必须把"我"扩大，才可把道德收进来。这话最不对！含着很多毛病。其实"我"不须扩大，宇宙只是一个"我"，只有在我们精神往下陷落时，宇宙与我才分开。如果我们精神不断向上奋进，生命与宇宙通而为一，实在分不开内外，分不开人家与我。孟子说："今人乍见孺子将入于井，皆有怵惕恻隐之心。"这时实分不出我与他（孺子）。"我"是无边际的，哪有什么小我大我呢？虽然我们为人类社会着想，或为朋友为大众卖力气，然而均非格外的，等于我身上痒，我要搔一搔而已。

（资料来源：梁漱溟．梁漱溟全集．济南：山东人民出版社，1989.）

行为训练

1. 每天诵读《大学》一遍。

2. 找出《论语》中关于"仁"的不同说法，分析总结"仁"者的所应具备的基本特征，反思自己在日常生活中哪些行为符合"仁"的要求，不符合的原因是什么。用以下表格每周记录一次。

"仁"者的基本特征				
经典文本的相关描述				
自我反思	第一周			
	第二周			
	第三周			
	第四周			
	……			

第二章　修　身

"修身"是儒家学说的重要一环。儒家认为，凡人只有通过实实在在地践行修身工夫，才能光明内心与生俱来的德性，拥有化民成俗的能力，成为立己达人的"君子”“大人”。因而，《大学》指出，“自天子以至于庶人，一是皆以修身为本”。

微课

《中庸》慎独之道

至于具体要如何“修身”，在儒家看来有两条路，这在《中庸》里面有非常清楚明白的叙述：“自诚明，谓之性。自明诚，谓之教。诚则明矣，明则诚矣。”一条路是自诚明。所谓“自诚明”，就是从我们至诚无欺、大公至正的本性自身明白整个天地万物之道，采取这一道路就“谓之性”。“性”就是从本性入手来达到提升我们的品格、开发我们智慧的目的。另一条路是“自明诚”，是说要从圣人们所发现的道理入手，最后觉悟到自己的诚实无欺、大公至正的本性本身，这就是“教”。这里的“教”是“教化”的意思。

圣贤之教，立志为先。故阳明先生教示龙场诸生，首揭“立志”之旨：“志不立，天下无可成之事……故立志而圣，则圣矣；立志而贤，则贤矣。”既立定志向，又当以“好学”为务。所谓“好学”，不仅是要学习知识，更重要的是通过学习来提升自己的精神境界，培养中正不偏的君子人格。内在的君子人格在外体现为德行，而百行又以“孝”为先，因此“孝亲”也是修身的重要工夫，故《中庸》有云：“思修身，不可以不事亲”。若说“孝亲”用于处理家中人伦关系，那么，与家外之人交往的基本原则便是“诚信”。子夏曰：“贤贤易色，事父母能竭其力，事君能致其身，与朋友交言而有信。虽曰未学，吾必谓之学矣。”子夏以“与朋友交言而有信”作为判断学与未学的凭证之一，可见“诚信”也是修身之学的重要一环。此外，圣贤谈论修身之道时还涉及诸如“求孔颜之乐”“吾日三省吾身”“克己复礼”“主敬”等存养心性的工夫。当然，无论是哪种修身方法，都讲求身体力行、知行合一，将“修身”工夫落到实处。

典型案例

案例　“我在故宫修文物”

2016 年初，一部名为《我在故宫修文物》的纪录片红遍网络，收获了无数好评。这部片子不仅展示了故宫稀世珍宝从破败残损到熠熠生辉的修复过程，更体现了文物修复师们身上所流露的工匠精神。

修复宫廷钟表的王津被网友誉为“故宫男神”。在他看来，修复钟表是一件修身养性的活，必须耐得住寂寞。谈到修表的耐心时，他微微一笑，说道：“干这一行就要坐得住，做我们这一行，必须安静，再宁静。”刚入行时，他跟着师傅拿故宫里非文物类的钟表拆装练手。“这事不难，有个十天八天就会了。”但在此后的一年中，他都在这种“拆拆合合”中度过。第二年，他开始给师傅打下手，拆零件，为零件除锈、打磨。这既是熟练技术的过程，也是磨炼性情、增强定力的途径。到了第三年，他才开始接触简单的修复工作。

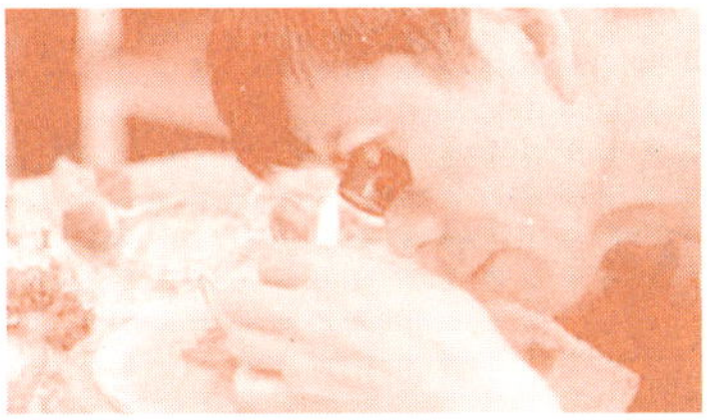

谈到手艺的传承时，王津说道：“当我的徒弟，只有两个要求：第一是心静，没有安静、平和的心，你干不了这个；第二是心净，要甘于寂寞，抵住诱惑，别长一点儿本事，就琢磨转行挣大钱。”

除了王津，修复木器的屈峰同样受到网友的追捧。面对镜头，他说了一段引人深思的话：“中国人做一把椅子，就像做一个人一样，他是用人的品格来要求这个椅子。中国古代人讲究格物，就是以自身来观物，又以物来观自己。所以我跟你说，古代故宫的这些东西，是有生命的，人在制物的过程中，总是要自己想办法，融到里头去，人在这个世上来了，走了一趟，都想在世界上留点啥，觉得这样自己才有价值。很多人一般都认为，文物修复工作者，是因为把这个文物修好了，所以他有价值。其实不见得是这么一个简单的方面，他在修这个文物的过程中，他跟它的交流，他对它的体悟，他已经把自己也融入里头。文物是死的，要文物干什么？要文物的目的就是要让它传播文化。”

阅后思考

1. 结合案例，思考分析工匠精神的内涵。

2. 案例谈到了人格修养的重要性，人格修养与职业成长之间有何联系？

3. 结合你的专业，谈谈今后在生活和工作之中需要养成哪些好的行为习惯。

经典文本

立　志

◎ 颜渊、季路侍。子曰：“盍各言尔志？”子路曰：“愿车马衣轻裘与朋友共敝之而无憾。”颜渊曰：“愿无伐善，无施劳。”子路曰：“愿闻子之志。”子曰：“老者安之，朋友信之，少者怀之。”

——《论语·公冶长》

【参考译文】孔子坐着，颜渊、季路两人站在孔子身边。孔子道：“何不各人说说自己的志向？”子路道：“愿意把我的车马衣服同朋友共同使用，坏了也没有什么不满。”颜渊道：“愿意不夸耀自己的好处，不表白自己的功劳。”子路向孔子道：“希望听到您的志向。”孔子道：“我的志向是，老者使他安逸，朋友使他信任我，年轻人使他怀念我。”

◎ 夫志当存高远，慕先贤，绝情欲，弃疑滞，使庶几之志，揭然有所存，恻然有所感。忍屈伸，去细碎，广咨问，除嫌吝，虽有淹留，何损于美趣？何患于不济？若志不强毅，意不慷慨，徒碌碌滞于俗，默默束于情，永窜伏于凡庸，不免于下流矣。

——《诫外生书》

【参考译文】志向应该保持高尚远大，仰慕前代贤人，摒绝私情邪欲，切勿多疑固执，以便使贤人的志向，鲜明地有所继承保持，在自己内心引起思索，并有所感受；要能屈能伸，不为小事烦恼，广泛向人求教，消除怨天尤人的心理。做到这些以后，虽然暂时得不到升迁，又何损于自己高尚的情趣？何用担心于事业不能成功？如果志向不坚强刚毅，意气不振奋昂扬，徒然随波逐流地拘限于尘俗，无所作为地牵制于私情，永远奔走藏身于平庸的人群之中，那就不可避免地会变成没有出息的人了。

好 学

微课

“学”字趣解

◎ 子曰：“君子食无求饱，居无求安，敏于事而慎于言，就有道而正焉，可谓好学也已。”

——《论语·学而》

【参考译文】孔子说：“君子，吃食不要求饱足，居住不要求舒适，对工作勤劳敏捷，说话却谨慎，到有道的人那里去匡正自己，这样，可以说是好学了。”

◎ 子曰：“由也，女闻六言六蔽矣乎？”对曰：“未也。”“居！吾语女。好仁不好学，其蔽也愚；好知不好学，其蔽也荡；好信不好学，其蔽也贼；好直不好学，其蔽也绞；好勇不好学，其蔽也乱；好刚不好学，其蔽也狂。”

——《论语·阳货》

【参考译文】孔子说：“仲由！你听过有六种品德便会有六种弊病吗？”子路答道：“没有。”孔子道：“坐下！我告诉你。爱仁德，却不爱学问，那种弊病就是容易被人愚弄；爱耍聪明，却不爱学问，那种弊病就是放荡而无基础；爱诚实，却不爱学问，那种弊病就是（容易被人利用，反而）害了自己；爱直率，却不爱学问，那种弊病就是说话尖刻，刺痛人心；爱勇敢，却不爱学问，那种弊病就是捣乱闯祸；爱刚强，却不爱学问，那种弊病就是胆大妄为。”

◎ 孟子曰：“仁，人心也；义，人路也。舍其路而弗由，放其心而不知求，哀哉！人有鸡犬放，则知求之；有放心而不知求。学问之道无他，求其放心而已矣。”

——《孟子·告子上》

【参考译文】孟子说：“仁是人的心；义是人路。放弃了那条正路而不走，丧失了那善良之心而不晓得去找，可悲得很呀！一个人，有鸡和狗走失了，便晓得去寻找，有善良之心丧失了，却不晓得去寻求。学问之道没有别的，就是把那丧失的善良之心找回来罢了。”

孝　亲

◎ 子游问孝。子曰：“今之孝者，是谓能养。至于犬马，皆能有养；不敬，何以别乎？”

——《论语·为政》

微课

儒家论“孝”大义

【参考译文】子游问孝道。孔子说：“现在的所谓孝，就是说能够养活爹娘便行了。至于狗马都能够得到饲养；若不存心严肃地孝顺父母，那养活爹娘和饲养狗马怎样去分别呢？”

◎ 子曰：“夫孝，德之本也，教之所由生也。复坐，吾语汝。身体发肤，受之父母，不敢毁伤，孝之始也。立身行道，扬名于后世，以显父母，孝之终也。夫孝，始于事亲，中于事君，终于立身。《大雅》云：‘无念尔祖，聿修厥德。’”

——《孝经》

【参考译文】孔子说：“那就是孝，孝是一切道德的根本，各种教化都是由孝行派生出来的。你坐下，我来慢慢地给你讲。一个人的身躯、四肢、毛发、皮肤等等，都是从父母那里得到的，所以要特别地加以爱护不敢毁伤，这是孝的开始。如果能够建功立业，实现圣人的主张，扬名于后世，使父母荣耀显赫，这是孝的终了。孝，开始于事奉双亲，中间经过事奉国君，最后达到建功立业。《大雅》上说：‘怎么能不想念你的先祖呢？继承并发扬他们的美德。’”

诚　信

◎ 子曰：“人而无信，不知其可也。大车无輗，小车无軏，其何以行之哉？”

——《论语·为政》

【参考译文】孔子说：“作为一个人，却不讲信誉，不知那怎么可以。譬如大车子没有安横木的輗，小车子没有安横木的軏，如何能走呢？”

◎ 子张问行。子曰：“言忠信，行笃敬，虽蛮貊之邦，行矣。言不忠信，行不笃敬，虽州里，行乎哉？立，则见其参于前也，在舆则见其倚于衡也，夫然后行。”子张书诸绅。

——《论语·卫灵公》

【参考译文】子张问如何才能使自己到处行得通。孔子道：“言语忠诚老实，行为忠厚严肃，纵到了别的部族国家，也行得通。言语欺诈无信，行为刻薄轻浮，就是在本乡本土，能行得通吗？站立的时候，就［仿佛］看见‘忠诚老实忠厚严肃’几个字在我们面前；在车厢里，也［仿佛］看见它刻在前面的横木上；［时时刻刻记着它，］这才能使自己到处行得通。”子张把这些话写在大带上。

存养

◎ 颜渊问仁。子曰：“克己复礼为仁。一日克己复礼，天下归仁焉。为仁由己，而由人乎哉？”颜渊曰：“请问其目。”子曰：“非礼勿视，非礼勿听，非礼勿言，非礼勿动。”颜渊曰：“回虽不敏，请事斯语矣。”

——《论语·颜渊》

【参考译文】颜渊问仁德。孔子道：“抑制自己，使言语行动都合于礼，就是仁。一旦这样做到了，天下的人都会称许你是仁人。实践仁德，全凭自己，还凭别人吗？”颜渊道：“请问行动的纲领。”孔子道：“不合礼的事不看，不合礼的话不听，不合礼的话不说，不合礼的事不做。”颜渊道：“我虽然迟钝，也要实行您这话。”

◎“敢问夫子恶乎长？”曰：“我知言，我善养吾浩然之气。”“敢问何谓浩然之气？”曰：“难言也。其为气也，至大至刚，以直养而无害，则塞于天地之间。其为气也，配义与道。无是，馁（něi）也。是集义所生者，非义袭而取之也。行有不慊（qiè）于心，则馁矣。”

——《孟子·公孙丑上》

【参考译文】（公孙丑）说：“请问老师您的长处是什么？”（孟子）说：“我能分析别人的言辞，我善于培养我的浩然之气。”（公孙丑）问：“请问什么是浩然之气？”（孟子）说：“很难说清楚。它作为气，最强大，最刚健的，用正义来培养它而不加伤害，就会充满在天地之间。这种气，是合乎义和道的；没有这个，它就没有力量。它是正义在心中积累而产生的，并不是偶然形成的。如果行为使心里产生了愧疚感，就没有力量了。”

◎ 伊川曰：“学者先务，固在心志。然有谓欲屏去闻见知思，则是绝圣弃智；有欲屏去思虑，患其纷乱，则须坐禅入定。如明鉴在此，万物毕照，是鉴之常，难为使之不照。人心不能不交感万物，难为使之不思虑。若欲免此，惟是心有主。如何为主？敬而已矣。有主则虚，虚谓邪不能入；无主则实，实谓物来夺之。大凡人心不可二用，用于一事，则他事更不能入者，事为之主也。事为之主，尚无思虑纷扰之患，若主于敬，又焉有此患乎？所谓敬者，主一之谓敬；所谓一者，无适之谓一。且欲涵泳主一之义，不一则二三矣。至于不敢欺，不敢慢，尚不愧于屋漏，皆是敬之事也。”

——《近思录·存养》

【参考译文】程颐说：“学习的首要前提，在于心志坚定。然而有人则认为：要摒除耳目的闻见和心的思维活动，就要遵循《老子》所说的抛弃聪明智巧；要摒除思虑杂念——因为它会带来心绪纷扰，就必须如佛教徒那样坐禅入定。但人心如同明亮的镜子，普照万物是镜子的基本功能，要使镜子不照东西，是不可能的。人心不能不与万物交感，要使心不思考外在现象，同样是不可能的。因此，如若要免除思虑纷扰之患，唯一途径是心要有主。如何使心有主？唯有恭敬。心有主则虚静，虚静邪念就不能进入心中；心无主则杂念横溢，杂念横溢外在事物就会占领人心。大凡人心不可二用，人心专注于一事，其他事就不能进入人心，这是因为要做的事成了主宰。事主宰人的心志，尚且没有思虑纷扰之害，倘若人心主于敬，又怎么可能思虑纷乱呢？什么是‘敬’？以‘一’为主宰即是敬。什么是‘一’？无所偏向无所固执即是‘一’。人应该深入体会以‘一’为主的精微所在；不能守持‘一’，人心必然纷乱。至于我们常说的不敢欺骗昭昭天理良心，不敢怠慢昭昭天理良心，以及不在暗地里起邪念，无愧于昭昭天理良心等等，都是‘敬’的功夫的具体表现。”

经典故事

1. 周公戒子

昔成王封周公，周公辞不受，乃封周公子伯禽于鲁，将辞去，周公戒之曰：“去矣！子其无以鲁国骄士矣。我，文王之子也，武王之弟也，今王之叔父也；又相天子，吾于天下亦不轻矣。然尝一沐三握发，一食而三吐哺，犹恐失天下之士。吾闻之曰：德行广大而守以恭者荣，土地博裕而守以俭者安，禄位尊盛而守以卑者贵，人众兵强而守以畏者胜，聪明睿智而守以愚者益，博闻多记而守以浅者广；此六守者，皆谦德也。夫贵为天子，富有四海，不谦者，先天下，亡其身，桀、纣是也，可不慎乎？故《易》曰，有一道，大足以守天下，中足以守国家，小足以守其身，谦之谓也。”

——《说苑·敬慎》

故事大意： 从前成王封赏周公，因周公辞谢不受，就把周公的儿子伯禽封到鲁国。伯禽跟周公辞别时，周公告诫他说："去吧！你千万不要因为拥有鲁国就对士人骄傲。我是文王的儿子，武王的弟弟，成王的叔父，又辅佐天子，相对于天下人来说地位已经很高了。但是，我为了不失去天下士人，洗澡、吃饭时有人来，我都要赶紧去接待。我听说，品德好又能持守恭敬的，一定会获得好名声；土地广大富庶又能持守节俭的，一定会获得安定；名位很高又能对人谦卑的，一定会更加尊贵；人口很多、兵力强大又能时刻警惕的，一定能打胜仗；聪明、有智慧又能以愚钝自处的，一定会更加聪明；知识广博又能以才疏学浅自处的，一定会学到更多的东西；这六种持守，都是谦虚的德性。夏桀商纣虽然贵为天子、坐拥天下，却因为不谦虚而自取灭亡，怎么可以不谨慎呢！所以《易经》说，有一个道理，从大的方面说足以用来守住天下，次一些也可以守住国家，至少也能守住自身，这就是谦虚啊。"

2. 苏轼三抄《汉书》

朱司农载上尝分教黄冈，时东坡谪居黄，未识司农公……异日公往见，遂为知己，自此时获登门。偶一日谒至，典谒已通名，而东坡移时不出。欲留则伺候颇倦，欲去则业已达姓名，如是者久之，东坡始出，愧谢久候之意，且云："适了些日课，失于探知。"坐定他语毕，公请曰："适来先生所谓日课者何？"对云："抄《汉书》。"公曰："以先生天才，开卷一览可终身不忘，何用手抄邪？"东坡曰："不然。某读《汉书》，至此凡三经手抄矣。初则一段事抄三字为题，次则两字，今则一字。"公离席复请曰："不知先生所抄之书肯幸教否？"东坡乃命老兵就书几上取一册至。公视之，皆不解其义。东坡云："足下试举题一字。"公如其言，东坡应声辄诵数百言，无一字差缺，凡数挑皆然。公降叹良久，曰："先生真谪仙才也！"他日以语其子新仲曰："东坡尚如此，中人之性岂可不勤读书邪？"新仲尝以是诲其子辂。

——陈鹄《耆旧续闻》卷一

故事大意： 朱载上任黄冈学官时，苏轼也被贬在黄冈做团练副使，两人成了知心朋友，常有往来。有一天，朱载上去见苏轼，通报姓名后，等了很久都没见到苏轼。正在犹豫还要不要等，苏轼出来了。苏轼道歉让客人久等，并说："我才做完每天的功课，对您的探访失礼了。"朱载上问："刚才先生说的'每天的功课'是什么？"苏轼说："抄《汉书》。"朱载上说："凭先生的天才，看一遍就可以终身不忘，为什么还要手抄呢？"苏轼说："不是这样的。我读《汉书》到现在一共手抄了三次。开始是一段事抄三个字为题，后来抄两个字，现在是一个字。"朱载上离开座位，又请求说："能否把您抄的书给我看一看？"苏轼就让身边的老兵从书案上拿过一册。朱载上一看，一点都不明白标题什么意思。苏轼说："请您试着说标题上的一个字。"

朱载上就说了一个字，苏轼应声就朗诵了几百个字，没有一点差错。朱载上又挑了几处，都是这样。他感叹了很久，说："先生真有'谪仙人'李白那样的才学啊！"后来，朱载上把这件事告诉了儿子朱新仲，说道："苏东坡尚且如此，天资一般的人难道能够不勤奋读书吗？"朱新仲也这样教育他的儿子朱辂。

拓展阅读

曾国藩家书（选录）

曾国藩

盖人不读书则已，亦既自名曰读书人，则必从事于《大学》。《大学》之纲领有三：明德、新民、止至善，皆我分内事也。若读书不能体贴到身上去，谓此三项与我身了不相涉，则读书何用？虽使能文能诗，博雅自诩，亦只算识字之牧猪奴耳，岂得谓之明理有用之人也？朝廷以制艺取士，亦谓其能代圣贤立言，必能明圣贤之理，行圣贤之行，可以居官莅民，整躬率物也。若以明德新民为分外事，则虽能文能诗，而于修己治人之道，实茫然不讲，朝廷用此等人做官，与用牧猪奴做官，何以异哉？

然则既自名为读书人，则《大学》之纲领皆己身切要之事明矣。其修目有八。自我观之，其致功之处，则仅二者而已，曰格物，曰诚意。格物，致知之事也。诚意，力行之事也。物者何？即所谓本末之物也。身、心、意、知、家、国、天下，皆物也。天地万物，皆物也。日用常行之事，皆物也。格者，即物而穷其理也。如事亲定省，物也。究其所以当定省之理，即格物也。事兄随行，物也。究其所以当随行之理，即格物也。吾心，物也。究其存心之理，又博究其省察涵养以存心之理，即格物也。吾身，物也。究其敬身之理，又博究其立齐坐尸以敬身之理，即格物也。每日所看之书，句句皆物也。切己体察，穷究其理，即格物也。此致知之事也。所谓诚意者，即其所知而力行之，是不欺也。知一句便行一句，此力行之事也。此二者并进，下学在此，上达亦在此。

（道光二十二年十月二十六日致诸弟）

课程

主敬：整齐严肃，无时不惧，无事时心在腔子里，应事时专一不杂。

静坐：每日不拘何时，静坐一会，体验静极生阳来复之仁心，正位凝命，如鼎之镇。

早起：黎明即起，醒后勿沾恋。

读书不二：一书未点完，断不看他书。东翻西阅，都是徇外为人。

读史：《廿三史》每日读十页，虽有事，不间断。

写日记：须端楷，凡日间过恶，身过、心过、口过，皆记出。终身不间断。

日知其所亡：每日记《茶余偶谈》一则。分德行门、学问门、经济门、艺术门。

月无忘所能：每月作诗文数首，以验积理之多寡、养气之盛否。

谨言：刻刻留心。

养气：无不可对人言之事。气藏丹田。

保身：谨遵大人手谕，节欲，节劳，节饮食。

作字：早饭后作字。凡笔墨应酬，当作自己的功课。

夜不出门：旷功疲神，切戒切戒。

（道光二十二年十二月二十日致诸弟）

（资料来源：曾国藩著，李鸿章校勘．曾国藩家书．南昌：江西人民出版社，2016.）

行为训练

1. 熟读《论语》。

2. 参考曾国藩的修身课程，结合实际情况订立自己的课程，践行修身工夫，并每天记录相关情况。

我的修身课程（范例）					
日期	项目				
	早起	静坐	读书	运动	写日记
1.1	√	√	√	×	×
1.2	√	×	√	√	√
……					
12.31	×	√	√	×	√

第三章 亲 民

儒家学说不仅关注个人的自我实现，同时强调“推己及人”“己欲立而立人，己欲达而达人”。如孔子所说的“修己以安人”，“安人”是“修己”的最终目的；反过来说，是否能实现“安人”也是验证“修己”工夫是否到家的标准。事实上，“内圣外王”是统一的整体，非“内圣”无以“外王”，未能“外王”也不足以成就“内圣”。因此，在通过践行“修身”工夫以实现“内圣”的同时，还需要推己及人，由“内圣”臻至“外王”的境界，而“外王”之道在于“亲民”。

“亲民”是儒家思想的重要组成部分，也是“仁政”主张的思想核心。“亲民”思想的内涵可以概括为以下两方面，第一，“重财养”，即保障人民生活物质基础，让“黎民不饥不寒”。第二，“重教化”，即通过言传身教移风化俗，引导民众寻回内心固有的德性，“使之亦有以去其旧染之污也”。

典型案例

案例 1　县委书记的榜样

1962 年冬天，正是豫东兰考县遭受内涝、风沙、盐碱三害最严重的时刻。这一年，春天风沙打毁了 20 万亩麦子，秋天洪水淹坏了 30 多万亩庄稼，盐碱地上有 10 万亩禾苗碱死，全县的粮食产量下降到了历年的最低水平。在这样的关口，焦裕禄来到了兰考。

从到任的第二天起，焦裕禄就深入基层调查研究，他说：“吃别人嚼过的馍没味道。”他拖着患有慢性肝病的身体，在一年多的时间里，跑遍了全县 140 多个大队中的 120 多个。在带领全县人民封沙、治水、改地的斗争中，身患肝癌的焦裕禄身先士卒，以身作则：风沙最大的时候，他带头去查风口，探流沙；大雨瓢泼的时候，他带头蹚着齐腰深的洪水察看洪水流势；风雪铺天盖地的时候，他率领干部访贫问苦，登门为群众送救济粮款。他经常钻进农民的草庵、牛棚，同普通农民同吃同住同劳动。他把群众同自然灾害斗争的宝贵经验，一点一滴地集中起来，成为全县人民的共同财富，成为全县人民战胜灾害的有力武器。焦裕禄过早地离去了，却留下了永恒的物质和精神财富。1990 年，时任中共福州市委书记的习近平读了一篇《人民呼唤焦裕禄》的文章，心情久久不能平静，思绪如潮，挥毫写下了《念奴娇·追思焦裕禄》一词：“中夜，读《人民呼唤焦裕禄》一文，是时霁月如银，文思萦系……魂飞万里，盼归来，此水此山此地。百姓谁不爱好官？把泪焦桐成雨。生也沙丘，死也沙丘，父老生死系。暮雪朝霜，毋改英雄意气！依然月明如昔，思君夜夜，肝胆长如洗。路漫漫其修远矣，两袖清风来去。为官一任，造福一方，遂了平生意。绿我涓滴，会它千顷澄碧。”

案例 2　兰芳振蕙叶

1980 年，江西省奉新县边远山村教师奇缺，时年只有 19 岁的南昌市进贤县姑娘支月英不顾家人反对，远离家乡，只身来到离家 200 多公里、离乡镇 45 公里、海拔近千米且道路不通的泥洋小学，成了一名深山女教师。在白洋山村，支月英与一双双渴望知识的眼睛相伴。她教孩子们读书识字，唱歌跳舞，认识大千世界。但贫穷的山村并不是世外桃源。刚参加工作时，她的工资只有几十块钱，有些孩子交不起学费，支月英就为学生垫付学费，垫着垫着，有时买米买菜的钱都不够，她只得去借，家人不理解，劝她赶紧回来，她总是笑着说：“日子会好起来的!”后来，支月英被任命为校长，肩上的担子更重了，既是校长、老师，又是保姆，上课教书、下课照应学生玩耍。家里人担心她的身体，总是说：“你也年过半百了，身体又不好，别的老师都往山外调，而你还往更远的深山里钻。”她乐呵呵地说：“如果人人都向往山外，大山里、山旮旯里的孩子谁来教育？山区教育谁来支撑?”正是这一份坚守，成就了“感动中国”的支月英。

阅后思考

1. 你认为上述两个案例中的人物有什么相似之处?

2. 上述案例对你有什么启发?

经典文本

◎ 民惟邦本，本固邦宁。

——《尚书·五子之歌》

【参考译文】人民才是国家的根基，根基牢固，国家才能安定。

◎ 子贡曰:“如有博施于民而能济众，何如?可谓仁乎?”子曰:“何事于仁，必也圣乎!尧舜其犹病诸!夫仁者，己欲立而立人，己欲达而达人。能近取譬，可谓仁之方也已。”

——《论语·雍也》

【参考译文】子贡道:“假使有这么一个人，他广泛地给人民以好处，又能帮助大家过上好生活，怎么样?可以算是仁道了吗?”孔子说:“哪里仅仅是仁!那一定是圣德了!尧和舜大概都难以做到!仁是什么?自己要站得住，也要使别人站得住;自己要行得通，也要使别人行得通。能够从眼前的事实中选择例子踏踏实实地去做，可以说是实践仁道的方法了。”

◎ 子路问君子。子曰:“修己以敬。”曰:“如斯而已乎?”曰:“修己以安人。”曰:“如斯而已乎?”曰:“修己以安百姓。修己以安百姓，尧舜其犹病诸!”

——《论语·宪问》

【参考译文】子路问怎样才能算是一个君子。孔子道:“修养自己来严肃认真地对待工作。”子路道:“这样就够了吗?”孔子道:“修养自己来使上层人物安乐。”子路道:“这样就够了吗?”孔子道:“修养自己来使所有老百姓安乐。修养自己来使所有老百姓安乐，尧舜大概还没有完全做到哩!”

◎ 不富无以养民情，不教无以理民性。故家五亩宅，百亩田，务其业而勿夺其时，所以富之也。立大学，设庠序，修六礼，明十教，所以道之也。《诗》曰:“饮之食之，教之诲之。”王事具矣。

——《荀子·大略》

【参考译文】不使民众富裕就无法调养民众的思想感情，不进行教育就无法整饬民众的本性。每家配置五亩宅院，一百亩耕地，努力从事农业生产而不耽误他们的农时，这是使他们富裕起来的方法。建立国家的高等学府，设立地方学校，整饬“冠、婚、丧、祭、亨、相见”等六种礼仪，彰明“父慈、子孝、兄良、弟悌、夫义、妇听、长惠、幼顺、君仁、臣忠”等十个方面的教育，这是用来引导他们的方法。《诗》上说：“给人喝啊给人吃，教育人啊指导人。”像这样，称王天下的政事就完备了。

◎ 为天地立心，为生民立命，为往圣继绝学，为万世开太平。

——《张载集·近思录拾遗》

【参考译文】为人类社会构建良好的精神价值观；为百姓选择正确的命运方向，确立生命的意义；继承发扬先贤即将消失的学问，为后世太平开创基业。

经典故事

1. 帝尧德泽天下

微课

《尧典》与天下秩序

曰若稽（jī）古帝尧，曰放勋，钦、明、文、思、安安。允恭克让。光被四表，格于上下。克明俊德，以亲九族；九族既睦，平章百姓；百姓昭明，协和万邦；黎民于变时雍。

——《尚书·尧典》

故事大意：查得古时有个帝尧，名叫放勋，他恭敬庄严，通明事理，而且风度文雅，思虑深远，给人以博大宽厚的感觉。他在任上勤奋不懈，律己严谨，又能举贤让能、重用人才，道德名望充溢四海之外，以至于天上地下。他发扬自己的大德，以身作则，使得各个氏族和睦相处；又辨明彰显朝中百官，协调处理他们的职守；进而团结联络其他各个部落；普天之下的老百姓都和乐亲善，风俗因此也很淳朴。

2. 王守仁化解父子讼狱

乡人有父子讼狱，请诉于先生，侍者欲阻之。先生听之，言不终辞，其父子相抱恸哭而去。柴鸣治入问曰：“先生何言，致伊感悔之速？”先生曰：“我言舜是世间大不孝的子，瞽瞍是世间大慈的父。”鸣治愕然请问。先生曰：“舜常自以为大不孝，所以能孝。瞽瞍常自以为大慈，所以不能慈。瞽瞍只记得舜是我提孩长的，今何不曾豫悦我，不知自心已为后妻所移了，尚谓自家能慈，所以愈不能慈。舜只思父提孩我时如何爱我，今日不爱，只是我不能尽孝，日思所以不能尽孝处，所以愈能孝。及至瞽瞍底豫时，又不过复得此心原慈的本体。所以后世称舜是个古今大孝的子，瞽瞍亦做成个慈父。”

——《传习录》

故事大意：乡下有一对父子因争执而提起诉讼，请王守仁（时任江西庐陵县知县）判案。王守仁听了他们的情况之后开导他们。他的话还未说完，父子二人便抱头痛哭，和好离去了。柴鸣治进来问道：“先生，您说了什么使父子二人这么快就悔悟了呢？”王守仁说：“我对他们说，虞舜是世上最不孝顺的儿子，他的父亲瞽叟是世上最慈祥的父亲。”柴鸣治感到十分惊讶，问为什么这么说。王守仁说：“舜常常自以为是最不孝的，因此他能孝；瞽叟常常自以为是最慈祥的，因此他不能慈爱。瞽叟只记着舜是他拉扯养大的，而如今舜为什么不让他快乐？他不清楚他的心已被后妻迷惑而改变了，还自以为能慈爱，因此他就更不能慈爱了。舜总是记着小时候父亲是多么的爱他，而如今之所以不爱了，只因为自己不能尽孝。舜每天想着自己不能尽孝的地方，因此他就更加孝顺了。等到瞽叟高兴时，他只不过是恢复了心中原本就有的慈爱。所以，后世之人都称舜是一个古往今来的大孝子，瞽叟也就成了一个慈祥的父亲。”

拓展阅读

天下第一廉吏于成龙

余　沐

于成龙（1617—1684），字北溟，号于山，山西永宁州（今山西吕梁）人。生于明万历四十四年（1616），卒于清康熙二十三年（1684）四月。他出身于一个官宦家庭，其先祖和父亲都在明朝做过官。据说他的父亲在乡里倡导孝义之道，有长者之风。受家庭熏陶的于成龙性格端庄，不苟言笑，又才智过人，勤俭耐劳，是个崇尚实干、不屑空谈的人。

于成龙大器晚成。他在明崇祯十二年（1639）曾经参加过乡试并中副榜贡生，但因为父亲年迈需要照顾而没有出去做官。直到45岁他才以明经谒选吏部，被授以广西柳州罗城县知县。此后，他历任知县、知州、知府、道员等地方官，一直做到藩臬二司（按察使、布政使）、督抚大员，所到之处，皆有政声。尤其是他始终清廉自守，多行善政，深得士民爱戴。

被民众亲切地称为“于青菜”

顺治十八年（1661），朝廷委任已45岁的于成龙到遥远的边荒之地广西罗城为县令。罗城新隶于朝廷统治不到两年，当地万山环绕，瘴疠盛行，从北方到那里为官的“百不一归”。由于局势未稳，两任知县一死一逃。于成龙不顾亲朋的阻拦，抛妻别子到罗城赴任。

当时的罗城县城仅有六户人家、草屋十余间，满目荒芜，甚至“豺虎昼行于市，野狼嗥嗥不已”，环境之险恶、条件之艰苦，超乎想象。于成龙一行寄居于关帝庙，“插篱棘为门牖”，在院子里累土作为几案，每天蹲在地上吃饭。随从仆人大半染疫病而死，剩下的也告归而去，只剩于成龙孤身一人。他在给友人的信中说：“万里惟余一身，生死莫能自主，夜枕刀卧，床头树二枪以自防。”

后来于成龙因政绩突出升任四川合州知州。因为合州才经战乱，他不愿给当地老百姓增加负担，首先削减了自己的驺从之费（驺从：封建时代给贵族官僚掌管车马的侍从，费用要由当地百姓负担），自己仅“畜一羸马，以家仆自随”。

以后的日子里，于成龙的官职不断得到提升，可始终恪守“清廉自奉”的道德操守。在武昌知府任上，其长子从山西老家千里迢迢来探望，他依旧是顿顿青菜豆腐，与往日无异。迁两江总督时，他不带任何随从，仅“骡车一辆，与幼子共乘之”，不住官府驿站，不受沿途官员迎送款待。在总督任上，他依旧是“日食粗粝一盂，粥糜一匙，侑（yòu）以青菜，终年不知肉味”。江南民众因而亲切地称他为“于青菜”。

以糠代粮，爱民如子

于成龙律己甚严，又不做交际馈遗之事，不带家属赴任，不许仆从挥霍，生活甚为清苦。但他作为朝廷命官，对百姓却体恤有加。于成龙以百姓为念，甚至不怕得罪上司、得罪朝廷。在四川合州知州任上，他体恤战乱后生活困顿的百姓，停止百姓给府上送鱼之惯例，并上疏反复陈述地方百姓的苦况。知府为之汗颜，于是裁革扰累民间事情十余件。四川奉旨采伐楠木以供“钦工”之用，于成龙毅然上书巡抚指斥这是“大兴土木，劳民伤财”，建议由文官衙役负责修路，武官兵丁负责伐木，这样可以不征调民间夫役，与民休息。在湖广黄州府任职时，正赶上灾荒，他以糠代粮，把节余的口粮、薪俸救济灾民，甚至把仅剩的一匹供骑乘的骡子也“鬻之市，得十余两，施一日而尽”。他还劝富户解囊，以广布施。

康熙十四年（1675），湖广地区因为地处征讨吴三桂叛军的前沿阵地，驻守守官军所需的大量物资都要地方官府筹措供应。时任黄州知府的于成龙掌管征发转输，为缓解民力，他亲自经办一应事务，不假手胥吏，“省民费以千万计”，并且“严饬属邑，禁羡耗，绝私派，惩诬告，杜馈遗”。他做两江总督时，虽年近古稀，而治事愈益勤谨，大小政事必躬亲处理，生活则依旧极为简朴。

“于青天”将至，心甚畏之

康熙二十年（1681）十二月，康熙考虑到江南为财赋重地，必得清廉能臣前往料理，方能澄清吏治、有益民生，遂特旨授于成龙两江总督。江南人听说“于青天”将至，心甚畏之。那些历来习尚奢侈的世家大族都“减舆从，毁丹垩，婚嫁不用音乐”；民间人人争穿布衣，布价因之骤贵；贪墨之吏纷纷落职而去，豪强猾胥率家远避。

于成龙深知“州县各官厉民积弊，处处皆然，而江南尤甚”，为痛加革除，制定《示亲民官自省六戒》，提出了勤抚恤、慎刑法、绝贿赂、杜私派、严征收、崇节俭这六条戒律，使州县基层官员“朝夕观省，自为猛惕”，并要求他们“虽自已足食，当思民之无食者；自己披衣，亦当思民之无衣者”；告诫他们若“无功于国，无德于民”而终日华衣美食，则虽身居官长，实与盗贼无异。

江南大省，政务繁多，于成龙寝食为废。总督衙门重门洞开，禀事官员可以直入其寝室，毫无阻挡。他还时常轻车简从，走访民间，问询疾苦，察吏安民。行为不端之人，“遇白须伟貌者，群相指自慑”，颇感胆战心惊。几个月间，兴利除弊，政化大行。

于成龙为官清正，不徇私情，不事逢迎，因而为一些权贵所忌，尤其与权相明珠不谐。于成龙晚年曾遭弹劾受到降级处分。于成龙病逝之日，讣告至京，康熙谕旨命开复其所降五级，祭葬如礼，谥号“清端”，并赐予御制碑文，以示褒奖。于成龙辞世的消息传开后，江南百姓“皆巷哭罢市，家绘像以祀之”；归葬之日，江南士民数万人，步行相送二十里。于成龙真不愧为清代历史上首屈一指的清官廉吏，堪与宋之包拯、明之海瑞相媲美。

（资料来源：余沐．天下第一廉吏于成龙．文史博览，2007（3）．有删改．）

行为训练

1. 自觉杜绝乱扔垃圾、破坏绿化、在图书馆高声喧哗、在食堂就餐不排队等不文明行为，并以身作则，带动身边的人戒除不文明的行为。

2. 看到别人有困难需要帮助时及时伸出援助之手。

阅读建议

1. 朱熹：《四书章句集注》。
2. 杨伯峻：《论语译注》《孟子译注》。
3. 钱穆：《论语新解》。
4. 王先谦：《荀子集解》。
5. 王文锦：《大学中庸译注》。
6. 古清美：《大学问今注今译》。
7. 于民雄：《近思录全译》。

附　录

大　学

微课
《大学》选段
吟诵粤语吟诵

大学之道，在明明德，在亲民，在止于至善。知止而后有定，定而后能静，静而后能安，安而后能虑，虑而后能得。物有本末，事有终始。知所先后，则近道矣。

古之欲明明德于天下者，先治其国；欲治其国者，先齐其家；欲齐其家者，先修其身；欲修其身者，先正其心；欲正其心者，先诚其意；欲诚其意者，先致其知；致知在格物。物格而后知至，知至而后意诚，意诚而后心正，心正而后身修，身修而后家齐，家齐而后国治，国治而后天下平。

自天子以至于庶人，壹是皆以修身为本。其本乱，而末治者否矣。其所厚者薄，而其所薄者厚，未之有也。此谓知本，此谓知之至也。

所谓诚其意者，毋自欺也。如恶（wù）恶（è）臭，如好（hào）好（hǎo）色，此之谓自谦（qiè）。故君子必慎其独也。小人闲居为不善，无所不至，见君子而后厌然，掩其不善而著其善。人之视己，如见其肺肝然，则何益矣。此谓诚于中，形于外，故君子必慎其独也。

曾子曰："十目所视，十手所指，其严乎！"富润屋，德润身，心广体胖（pán），故君子必诚其意。

《诗》云："瞻彼淇（qí）澳（yù），菉（lù）竹猗猗。有斐君子，如切如磋，如琢如磨。瑟兮僩（xiàn）兮，赫兮喧（xuān）兮。有斐君子，终不可諠兮！"如切如磋者，道学也。如琢如磨者，自修也。瑟兮僩兮者，恂（xún）慄（lì）也。赫兮喧兮者，威仪也。有斐君子，终不可諠兮者，道盛德至善，民之不能忘也。

《诗》云："於（wū）戏（hū），前王不忘！"君子贤其贤而亲其亲，小人乐其乐而利其利，此以没世不忘也。

《康诰》曰："克明德。"《大甲》曰："顾諟（shì）天之明命。"《帝典》曰："克明峻德。"皆自明也。

汤之《盘铭》曰："苟日新，日日新，又日新。"《康诰》曰："作新民。"《诗》曰："周虽旧邦，其命惟新。"是故君子无所不用其极。

《诗》云："邦畿（jī）千里，维民所止。"《诗》云："缗（mín）蛮黄鸟，止于丘隅。"子曰："于止，知其所止，可以人而不如鸟乎？"

《诗》云："穆穆文王，於（wū）缉（jī）熙敬止。"为人君，止于仁；为人臣，止于敬；为人子，止于孝；为人父，止于慈；与国人交，止于信。

子曰："听讼，吾犹人也，必也使无讼乎！"无情者不得尽其辞，大畏民志，此谓知本。

所谓修身在正其心者，身有所忿（fèn）懥（zhì），则不得其正；有所恐惧，则不得其正；有所好乐，则不得其正；有所忧患，则不得其正。心不在焉，视而不见，听而不闻，食而不知其味。此谓修身在正其心。

所谓齐其家在修其身者，人之其所亲爱而辟焉，之其所贱恶而辟焉，之其所畏敬而辟焉，之其所哀矜而辟焉，之其所敖惰而辟焉。故好而知其恶，恶而知其美者，天下鲜矣！故谚有之曰："人莫知其子之恶，莫知其苗之硕。"此谓身不修不可以齐其家。

所谓治国必先齐其家者，其家不可教而能教人者，无之。故君子不出家而成教于国。孝者，所以事君也；弟（tì）者，所以事长也；慈者，所以使众也。《康诰》曰："如保赤子。"心诚求之，虽不中不远矣。未有学养子而后嫁者也。

一家仁，一国兴仁；一家让，一国兴让；一人贪戾，一国作乱。其机如此。此谓一言偾（fèn）事，一人定国。尧、舜率天下以仁，而民从之；桀纣率天下以暴，而民从之。其所令反其所好，而民不从。是故君子有诸己而后求诸人，无诸己而后非诸人。所藏乎身不恕，而能喻诸人者，未之有也。故治国在齐其家。

《诗》云："桃之夭夭，其叶蓁（zhēn）蓁，之子于归，宜其家人。"宜其家人，而后可以教国人。《诗》云："宜兄宜弟。"宜兄宜弟，而后可以教国人。《诗》云："其仪不忒（tè），正是四国。"其为父子兄弟足法，而后民法之也。此谓治国在齐其家。

所谓平天下在治其国者，上老老而民兴孝；上长长而民兴弟；上恤孤而民不倍。是以君子有絜（xié）矩（jǔ）之道也。所恶于上，毋以使下；所恶于下，毋以事上；所恶于前，毋以先后；所恶于后，毋以从前；所恶于右，毋以交于左；所恶于左，毋以交于右。此之谓絜矩之道。

《诗》云："乐只君子，民之父母。"民之所好好之，民之所恶恶之，此之谓民之父母。《诗》云："节彼南山，维石岩岩，赫赫师尹，民具尔瞻。"有国者不可以不慎，辟则为天下僇（lù）矣！《诗》云："殷之未丧师，克配上帝。仪监于殷，峻命不易。"道得众则得国，失众则失国。是故君子先慎乎德。有德此有人，有人此有土，有土此有财，有财此有用。德者，本也；财者，末也。外本内末，争民施夺。是故财聚则民散，财散则民聚。是故言悖而出者，亦悖而入；货悖而入者，亦悖而出。

《康诰》曰："惟命不于常。"道善则得之，不善则失之矣。《楚书》曰："楚国无以为宝，惟善以为宝。"舅犯曰："亡人无以为宝，仁亲以为宝。"《秦誓》曰："若有一个臣，断断兮无他技；其心休休焉，其如有容焉。人之有技，若己有之。人之彦圣，其心好之，不啻（chì）若自其口出，实能容之，以能保我子孙黎民，尚亦有利哉！人之有技，媢（mào）疾以恶之；人之彦圣，而违之俾（bǐ）不通。实不能容，以不能保我子孙黎民，亦曰殆哉！"唯仁人放流之，迸（bèng）诸四夷，不与同中国。此谓"唯仁人为能爱人，能恶人。"见贤而不能举，举而不能先，命也。见不善而不能退，退而不能远，过也。好人之所恶，恶人之所好，是谓拂人之性，灾必逮夫身。

是故君子有大道：必忠信以得之，骄泰以失之。生财有大道：生之者众，食之者寡，为之者疾，用之者舒，则财恒足矣。仁者以财发身，不仁者以身发财。未有上好仁而下不好义者也，未有好义其事不终者也，未有府库财非其财者也。孟献子曰："畜马乘不察于鸡豚，伐冰之家，不畜牛羊；百乘之家，不畜聚敛之臣。与其有聚敛之臣，宁有盗臣。"此谓国不以利为利，以义为利也。长国家而务财用者，必自小人矣，彼为善之。小人之使为国家，灾害并至，虽有善者，亦无如之何矣！此谓国不以利为利，以义为利也。

（见：中华书局编辑部编．汉魏古注十三经．北京：中华书局，1998.）

第二编　道家的超越智慧

知识目标

知道道家的代表人物和经典著作；了解道家关于宇宙人生的核心理念，熟读《道德经》。

能力目标

能运用道家智慧反省自己的身心状况，有效地分析现代人存在的种种不健康的生活状态，化解生活中的烦恼。

素质目标

正确看待身与心的关系，树立通达超越的精神追求。

要点提示

习近平总书记在《纪念孔子诞辰2565周年国际学术研讨会的讲话》中讲道："包括儒家在内的中国优秀传统文化中蕴藏着解决当代人类面临的难题的重要启示，比如，关于道法自然、天人合一的思想……"党的十九大报告中强调"建设生态文明是中华民族永续发展的千年大计"。建设美丽中国，为人民创造良好生产生活环境，为全球生态安全作出贡献，并将"坚持人与自然和谐共生"作为新时代坚持和发展中国特色社会主义的基本方略之一。

本编向学生介绍传统道家的思想和人生智慧，使学生认识传统文化中顺应自然之道和事物发展变化趋势的思想与和谐、环保、尊重自然规律和社会发展规律等时代要求相应，为所当为而不妄为，使人与自然、人与社会、人与自我（身与心）能协调共处。

道家传统久远，致力于探求天道与人事变化的法则。先秦的老子和庄子以文字生动地表达了道家的思想，对当时的儒家等诸家思想产生了显著的影响。战国时期，道家形成三个派别：杨朱派、黄老派和老庄派。战国末期形成了“黄老独盛”的局面。汉朝初期，老子的政治哲学得到重视，出现黄老之治。魏晋时期，士人好尚谈玄，对老庄重新进行阐释，形成了魏晋玄学。此后，老庄成为道家正统。魏晋之后，道家思想未有显著的创新，转而融汇于道教之中。两千余年来，道家思想以其独有的宇宙、社会和人生观，成为中国传统文化中的一朵奇葩，对后世产生了深远的影响。

老子是道家的创始人，提出了以“道”为核心的思想体系，最先用“道”来说明宇宙万物的本源、构成和变化。老子的“道”既指先于天地的混成之物，又指存在于万物之中的普遍法则。老子提出“反者道之动”：“道”的运动总是表现为事物向相反的方向转化。根据对立面相依相转的辩证法，老子主张“贵柔”“弱者道之用”，提出了以静制动、以弱胜强、以柔克刚、以少胜多等思想。

庄子一方面继承老子，以“道”为最高范畴；另一方面他又发展了老子关于气的思想，说“通天下一气耳”，将气提升到了道的高度。“齐物论”是庄子哲学的核心思想。他认为万物都是相对的，主张齐是非、齐大小、齐贵贱、齐生死、齐物我。他认为，从“道”的观点来看，一切事物都是无差别的，人们对事物的认识本来就没有确定不移的是非标准。而人若有“成心”，就会以己为是、以人为非，就会产生是非之争，这就导致对“道”的泯灭。

老子认为“道”作为宇宙本源自然而然地生成天地万物，其自然而然是无为；它生成了天地万物，又是无不为。无为为体，有为为用。道的法则就是自然而然。自然的状态就是万物的本然状态，也指无知、无欲、无为、无我的状态。“道”听任万物自然产生、生长而不据为己有，推动万物而不自恃有功，长育万物而不作其主宰。老子又将这种自然无为的天道推及于人道，提出“人法地，地法天，天法道，道法自然”。庄子更多地从个人精神超越的方面来讨论“无”和“无为”。他认为，凡人无不生存在功利、荣辱等对待关系中，于是产生了种种痛苦和纷争，要改变这种状况，就必须从各种对待关系中超拔出来，做到“三无”，即无己（无自我的偏执）、无功（无功业的执着）、无名（无名位的贪心），如此才能成为无待无累、游于无穷的“至人”。

儒家就人道论人道、就人生论人生，从人与动物乃至自然万物的区别来确立人的生命价值，偏重伦理维度。道家则将人道、人生问题的思考推向了更深入的层次和更广阔的背景，以大自然为参照，强调天道与人道、自然与人生的联系，以此确立人在宇宙中的地位和价值，肯定“人”是最伟大的存在之一。

道家不仅看重肉体生命，更看重精神生命，强调维护人性尊严和人格独立，不为身外之物所奴役。道家主张人要“自然”，通俗地讲，就是要率真、从容和随缘。率真就是没有做作、伪装和欺诈。从容就是保持平常心，得意淡然、失意泰然，不为宠辱毁誉所动，这样才能把握自己、不为境转。随缘就是顺应机缘，安时处顺，尽人事、听天命，但不是得过且过、因循苟且，更不是随波逐流、同流合污。

道家认为，人生的很多负担都是人们无谓地给自己加上的。如果能够以“齐物”的态度对待得失，以“寡欲”的态度对待欲望，就可以免去很多负担。只有克服不好的心念，保持内心的平和宁静，才能避免被物欲所奴役，进而有望达到逍遥自在的生命状态。

庄子认为，人从生到死不过是物质形态的转化。生死变化本质上是“道”和“气”在变化，但一般人只会“以人观之”而未能“以道观之”，以为是生命体本身在变化。这是只见局部未见全体，只见现象未见本质。“道”既可变化而产生生命，继而又可再变化而使生命消失；气可以凝聚而形成一个生命体，又可以消散而使这个生命体消失。人的生死，不过是应时而来、顺时而去，不必有所好恶喜悲，而应该安于时运、随顺物化。人死不是归于空灭，而是回归自然大道，生为游世，死为归道。人生而浮游于世间，犹如暂时的寄寓，而人死则如归家，庄子称之为“返其真”。有这样的人生观，就能够接近逍遥自在的境界。

我国现代哲学家冯友兰将人生境界分为递进的四层：自然境界、功利境界、道德境界和天地境界。所谓境界，就是人的不同的世界观、价值观和人生观所带来的不同的人格和精神生命状态。对身外之物和外部环境持超越的态度，就能不受制于外部条件，进而突破生命形体和主观精神的局限，真正实现与道为一、逍遥自在。天地境界就是道家追求的在主观精神上达到与“道”合一、“天地与我并生而万物与我为一”的境界，也就是“逍遥自在”。

第一章　自　然

“自然”一词一般可作三种理解：第一，自然界事物未经人为改变的状态，包括人们生活经验中自然事物的状态和科学视野中自然事物的客观状态。第二，日常生活语言中，指人的未经刻意安排而呈现的状态或表现，既包括人的先天倾向所表现出来的状态，又包括人的后天习惯所表现的状态，所谓“习惯成自然”。第三，道家的自然。

“自然”是道家最重要的观念。道家推尚“道”，老子说“道法自然”“莫之命而常自然”，在道家看来：道是世界的本源，也是世界的根本原则，因此“自然”就是世界的根本原则。道家的自然指万物依其本性和外部自然条件而存在和变化，未经人为干预的本来的样子，也指人的无知、无欲、无为和无我的状态。

微课
浮乎江湖

对道家来说，自然是天道，更是人道。老子说：“人法地，地法天，天法道，道法自然”。道家提出自然之道，是要解决人们面临的种种生存困境，因此与其说道家“自然”思想是对世界的认识，不如说是一种人生智慧，一种应对人生问题的总原则。道家讲的“自然”是一种关于人生境界的学说，是对一种精神价值和生命状态的追求，它超越了自然人性和建基于其上的世俗文化，是不容易达到的。

典型案例

案例 1　自然醒

自然醒来与被闹钟叫醒的感觉明显是完全不同的。我们的身体从睡眠状态过渡到清醒状态时，心跳、血压、体温、呼吸频率、脑电波都会发生变化：呼吸会从每分钟 16 次提高到每分钟 24 次，心跳每分钟加快 10 次，脑电波从每秒 8 次提高到每秒 30 次。如果这种变化是突然发生的，比如突然被闹钟叫醒，将可能使人产生心慌、情绪低落、感觉没睡醒、强烈悬空感等异常不适。如果在深度睡眠中被突然唤醒，思考问题及解决问题的能力将严重受损。

一个健康的“自然醒”，是要求放缓神经、优良睡眠来共同配合的。每天定时上床睡觉非常重要，如果你做不到，试试看每天定时起床，不消 6 个星期，实际的睡眠节奏就会与你的生理节奏相符。美国康乃尔大学心理系教授马思认为，“规律对设定生理时钟非常重要”。千万别回去睡回笼觉，这样会让生理节奏更混乱，一旦睁开眼，不要犹豫就起床吧。就算周末也得保持这样的规律。如果你每逢周末就通宵达旦，隔日再睡到中午，马上你就会知道痛苦，星期一又要哀声连连地起床。马思教授建议，就算周末熬夜，也要在固定时间起床，哪怕中午睡个小午觉，不过这种事还是愈少愈好。

如果早起对你而言是不可能的任务，那就让阳光来帮助你。因为那些全光谱的阳光可以调节血清素和褪黑激素在血液中的浓度。当受到光线照射，血清素会使身体的代谢加快，当天晚上就会想早点睡，隔天也就会早点起床。如果没办法一早起床，可以拉开窗帘，让阳光照进来，或是准备一盏明灯，闹钟一响就打开。坚持下去，有一天你会发现，在闹钟响起前你就能轻松愉快地起床。

起床后，马上就去找水喝，会让身体知道新的一天要开始了。先喝水，然后进厕所将废物排出，会让身体很舒服。

案例 2　以自然之道，养自然之身

国医大师干祖望老先生在 100 岁的时候尚未退休，如年轻人一样，出诊半天、授课、走楼梯上十几层的病房……如此健康长寿的秘密，他总结出一句话：认真地向动物学习。他有“养生八字诀”：“童心，蚁食，龟欲，猴行”，养生讲究顺其自然、心身两养。

1. 童心。自古有言：“人有妄想则坐卧不安，人有奇想则起坐不定，人有贪想则闻见皆非，人有异想则疑虑必大。”一个人常常浸沉于睡卧不安、起坐不定、闻见皆非、疑虑必大的不良思绪之中，大脑经常受负面情绪的影响，保健养生从何谈起？保持童心具备三个内涵：其一大真，不心怀怨恨，不忧患未来，不深究世事，不追求名利，让大脑充分休息，蓄有余力做好本职工作。其二无邪，绝无欺诈、撞骗、陷害、贪图等邪念，具有纯洁的心。其三单纯，思想充满美好、愉快，不妄自奢求，知足而常乐。

2. 蚁食。即像蚂蚁一样饮食微少和食无偏嗜，不求多，也不求精。

3. 龟欲。“物有善藏者，是保其生也。”干老先生提倡向乌龟学习，做人做事保持淡泊名利、心无私欲、安分守己、以静制动。

4. 猴行。猴子机体功能与人类最为相似，其活跃强劲的运动力正是来源于活动锻炼。运动可以使身心两健、行动灵敏，故华佗在养生五禽戏中将“猿功”置之首位，猿功即模仿猴子的各种动作。

以上的八字诀中，童心与龟欲，为养心；蚁食与猴行，为养身。此乃“以自然之道，养自然之身”。

阅后思考

1. 你平时是怎么让自己按时起床的？起床后有什么感觉？

2. 结合上述两个案例，谈谈你对自然的理解。

经典文本

◎ 人法地，地法天，天法道，道法自然。

——《老子·第二十五章》

【参考译文】人效法地，地效法天，天效法道，道效法自然。

◎ 道生之，德畜之，物形之，势成之。是以万物莫不尊道而贵德。道之尊，德之贵，夫莫之命而常自然。

——《老子·第五十一章》

【参考译文】道生成万物，德养育万物，用不同形态区别万物，在各种环境成就万物。所以万物没有不尊崇道而珍贵德的。道受尊崇，德受到珍贵，就在于道和德对万物不加干涉，而顺应自然。

◎ 吾所谓无情者，言人之不以好恶内伤其身，常因自然而不益生也。

——《庄子·德充符》

【参考译文】我所说的无情，乃是说人不以好恶损害自己的本性，经常顺任自然而不用人为去增益。

◎ 古之人，在混芒之中，与一世而得澹漠焉。当是时也，阴阳和静，鬼神不扰，四时得节，万物不伤，群生不夭，人虽有知，无所用之，此之谓至一。当是时也，莫之为而常自然。

——《庄子·缮性》

【参考译文】古代的人，在混沌茫昧之中，举世都淡漠互不相求。在那时候，阴阳和顺宁静，鬼神不搅扰，四时合于节度，万物不受伤害。众生没有夭折，人虽然有心智，却无处可用，这称为完满纯一的境地。在那时候，无所作为而让万物顺任自然。

◎ 礼者，世俗之所为也；真者，所以受于天也，自然不可易也。故圣人法天贵真，不拘于俗。

——《庄子·渔父》

【参考译文】礼节是世俗所为的，真性是禀受于自然，自然是不可以改变的。所以圣人效法自然珍贵本真，不拘于世俗。

经典故事

1. 曳尾于途

庄子钓于濮水。楚王使大夫二人往先焉，曰：“愿以境内累矣!”庄子持竿不顾，曰：“吾闻楚有神龟，死已三千岁矣，王巾笥（sì）而藏之庙堂之上。此龟者，宁其死为留骨而贵乎？宁其生而曳尾于涂中乎？”二大夫曰：“宁生而曳尾途中。”庄子曰："往矣！吾将曳尾于途中。"

——《庄子·秋水》

庄子却聘图

故事大意：庄子在濮河钓鱼。楚国国王派了两位大臣前去请他做官，大臣说："楚王想将国内的事务麻烦您啊！"庄子拿着鱼竿，头也不回，说："我听说楚国有一只神龟，死时已经三千岁了，国王用锦缎包好放在竹匣中珍藏在宗庙的堂上。你们说这只神龟是宁愿死去留下骨头让人们珍藏呢，还是情愿活着在烂泥里摇尾巴呢？"两个大臣说："情愿活着在烂泥里摇尾巴。"庄子说："那你们请回吧！我也要在烂泥里摇尾巴。"

2. 南面王乐

庄子之楚，见空髑髅，髐然有形，撽以马捶，因而问之，曰："夫子贪生失理，而为此乎？将子有亡国之事，斧钺之诛，而为此乎？将子有不善之行，愧遗父母妻子之丑，而为此乎？将子有冻馁之患，而为此乎？将子之春秋故及此乎？"于是语卒，援髑髅，枕而卧。夜半，髑髅见梦曰："子之谈者似辩士。视子所言，皆生人之累也，死则无此矣。子欲闻死之说乎？"庄子曰："然。"髑髅曰："死，无君于上，无臣于下；亦无四时之事，从然以天地为春秋，虽南面王乐，不能过也。"庄子不信，曰："吾使司命复生子形，为子骨肉肌肤，反子父母、妻子、闾里、知识，子欲之乎？"髑髅深矉蹙頞曰："吾安能弃南面王乐而复为人间之劳乎！"

——《庄子·至乐》

故事大意：庄子到楚国，看见一个骷髅，空枯成形，他就用马鞭敲敲，问说："先生是因为贪生悖理，以至于死的吗？还是国家败亡，遭到斧钺的砍杀，而死于战乱的吗？你是做了不善的行为，玷辱父母羞见妻儿，而自杀的吗？你是冻饿的灾患而至于死的吗？你是年寿尽了而自然死亡的吗？"这样说完了话，就拿着骷髅，当着枕头睡觉。半夜里，庄子梦见骷髅向他说："你的谈话好像辩士。看你所说，都是生人的累患，死了就没有这些忧虑。你要听听死人的情形吗？"庄子说"好。"骷髅说：

“死了，上面没有君主，下面没有臣子；也没有四季的冷冻热晒，从容自得和天地共长久，虽是国王的快乐，也不能胜过。”庄子不相信，他说：“我使掌管生命的神灵恢复你的形体，还给你骨肉肌肤，把你送回到父母妻子故乡朋友那里，你愿意吗？”骷髅听了眉目之间露出忧愁的样子说：“我怎能抛弃国王般的快乐而回复到人间的劳苦呢！”

拓展阅读

道法自然的智慧

赵建永

“道法自然”的本义和现代转化

“道法自然”是道家的核心理念，也是中国哲学追求的理想境界。汤一介指出，道家以自然主义为价值取向，在“自然的和谐”基础上，推展出“人与自然的和谐”，进而有“人与人的和谐”，以达成“自我身心的和谐”。道家的价值取向与历史唯物主义揭示的人类文化演进顺序相似，即在人与自然关系基础上解决人与社会关系的问题，进而使人的心灵需求得以妥善解决。儒家的人文主义价值取向，则从“自我身心的和谐”出发，依次推导出“人与人的和谐”“人与自然的和谐”“自然的和谐”。如此，儒道两种不同的价值路向，相反相成，互补互促，形成了中国传统文化的主体架构。

“道法自然”出自《老子》第 25 章：“人法地，地法天，天法道，道法自然。”这是说，人的活动效法地，地的运动效法天，天的运转效法“道”，“道”的运行效法自身。它揭示了人之所以应效法“道”，是因为“道”具有“自然无为”的特性，体现着宇宙秩序的和谐。“道”本指道路，引申为本源、道理、法则诸义。总体来说，“道”就是万事万物生长发展的原动力和规律，顺之则昌，逆之则亡。

道家以“自然为宗”，崇尚“自然”是其根本特点。冯友兰指出，道家学说可用“复归自然”一言以蔽之。据汤用彤考察，“自然”一词本为形容词，“自”指本身，“然”指如此。“自然”就是相对于人为而言的一种自发的、天生而然的状态。“自然”后来才用作名词，具有了自然界、物理定律和本心自性等多层含义。“自然”的今义，从形而上角度看，是指客观规律；从形而下角度看，则包括原生态的自然界、由人类与自然相互影响而生成的人化自然。

道家以一种全息的思维方式，把宇宙看成和谐的生命共同体，是在“道”支配下相互依存的有机系统，维持整体性平衡，使万物协同发展。老子认为，“道”之所以尊贵，在于它对事物不妄加干涉，这样人与自然就和谐了。庄子提出“太和万物”的观点，认为万物天然处于和谐中，人是自然的一部分。因此，人类应该“顺之以天道，行之以五德，应之以自然”，即以天道来规范人道。在这种系统观中，和谐的人生与社会应是“自然的和谐”的一种再现。照此思维看，从“自然的和谐”出发，对社会模式各环节的健全工作方可依次得以展开。由此，“道法自然”便从自然领域转进到社会领域。

“道法自然”引发的环境伦理，旨在倡导一种善待自然、师法自然、遵循自然之道的理性态度，要求从自然界学习人类生存发展之道，自觉维护生态和谐。人与自然和谐最基本的层面是人与物的和谐。历史唯物主义认为，人类必须首先解决人与物质的关系问题。因为人类对自然界的正确认识是处理天人关系的基础，若不及时发展科技提高生产力，就连常见的自然灾害也无法抵御，生存条件没保障就谈不上天人和谐，所以人与物的关系是“道法自然”的基本问题。对于儒道两家在此问题上的差异，陈寅恪指出：“中国儒家虽称格物致知，然其所殚精致意者，实仅人与人之关系。而道家则研究人与物之关系。故吾国之医药学术之发达出于道教之贡献为多。”道教继承发展了道家“天道自然”“万物一体”等观念，并付诸实践。冯友兰对道教对待自然的科学精神有充分肯定，誉之为世界上唯一不反科学的神秘主义的体系。

对于道家自然观的科学精神，在西方亦有不少知音。李约瑟对道家更为注重人与自然关系的科学观给予很高评价：“东亚的化学、矿物学、植物学、动物学和药剂学都起源于道家。中国如果没有道家思想，就会像是一棵某些深根已经烂掉了的大树。道家发展了科学态度的许多最重要的特点，因而对中国科学史有着头等重要性，并有不少东西可以向世界传授。”美国科学家卡普拉进一步指出：“为了获知‘道的特性’，道家发展了凝神体察自然的方法，这种方法基本是科学的。只是由于对分析方法的高度质疑，使其没能建构出自己的科学理论。然而，把对自然界精细的观察和强有效力的神秘主义直觉结合起来，就使道家圣贤获得深邃的洞见，并被现代科学所证实。”

“道法自然”意味着人类要懂得敬畏自然，并向大自然学习，使人道合于天道。现代仿生学的发展，便是“道法自然”的一种实际应用。但从本质上说，“道法自然”即“法自然之道”，亦即要符合各种事物的“本然”之理并顺应之。如能把握规律，顺势而为，因势利导，自会水到渠成，事半功倍，走上科学发展的大道。

“道法自然”与绿色发展

“道法自然”表达了一种人与自然和谐共生的关系，它以天人合一的“内在关系”立论，迥异于西方把人和自然视为对立的“外在关系”。“道”是必然性的普遍法则，渗透于宇宙万有之中。人是宇宙的一部分，同样要受这种自然法则的支配。和谐是符合自然法则的一种结果，和谐人生就是在各种关系中按照这些自然法则生活的过程。各种不和谐现象之所以产生，都源于背离自然。以身心健康而言，离自然越近，则离疾患越远。面对当今世界普遍性的各种危机，我们不能不赞叹“道法自然”的智慧。这种观念在探求生存与自由的同时，便已考虑到获取的前提，并把自然法则上升为人类的行为价值，值得现代人研究和借鉴。

工业革命以来，人类残酷地破坏着自然，自然也无情地报复着人类。恩格斯在《自然辩证法》中说：“我们不要过分陶醉于我们对自然界的胜利。对于每一次这样的胜利，自然界都对我们进行报复。每一次胜利，起初确实取得了我们预期的结果，但是往后和再往后却发生完全不同的、出乎预料的影响，常常把最初的结果又消除了。”片面追求经济发展给世人带来了沉重的环境灾难，而人类再也无法承受生态恶化的报复，这造成了天人关系和社会关系的种种紧张。时至今日，汲取“道法自然”的智慧以实现人与自然的良性循环，已显得非常迫切。“道法自然”注重天人相合，并非让人削足适履地消极适应环境，而是要“先天而天弗违，后天而奉天时”（《周易·文言》），亦即掌握客观规律而预先防范，由于采取的措施符合天道，因而不会受到违反自然规律的惩罚。而当天灾人祸突如其来降临后，亦遵奉天地消长变化的规律，应机而动，转危为安。

《老子》中“无为而无不为”所诠释的正是“道法自然”的上述含义。“无为”不是什么都不做的消极“不作为”，而是积极创造条件来合道行动的“无不为”：遵循自然规律而行，是“辅万物之自然”的“无妄为”，是“生而不有，为而不恃”的“为无为”。借此使天地万物顺随本性而生，各得其所，以达成无为而成的效果。在国际汉学界，李约瑟纠正了以往对道家“无为”的误读，解释为“不做违反自然的事”。卡普拉解读为：“‘无为’不是指禁绝行动，而是不要采取与正在运转的宇宙进程不相和谐的行动。”李约瑟也是在此意义上指出：“能够实践无为，意味着要通过本质上是科学的观察来师法自然，这对中国整个科学技术的发展而言是至为重要的开端。”道家自然观在西方的流行，也日渐引起了中国当代学者的关注，这种文化自觉使得生态自觉成为可能。

我们既要顺应自然规律，又要适当加以引导、调整和改造，将顺应自然与改造自然有机结合起来，以此“参天地之化育，上下与天地同流”，方为“道法自然”、天人和谐的最佳状态。正像卡普拉在《转折点》中所说：“在人类伟大的精神传统中，道家提出了最深刻而精彩的生态智慧：强调所有自然和社会现象既是一根本的整体，又具有动态的特性。”这表明人类更应从基于自然主义的人文关怀角度看待自然界。“亲近传统，回归自然”既是一个具有前瞻性、战略性的语汇，更是一股不容回避的世界潮流，是社会与时俱进的体现，是历史发展的必然。

《老子》云：“道生之，德畜之，物形之，势成之。是以万物莫不尊道而贵德。道之尊，德之贵，夫莫之命而常自然。”我们不但要把“道法自然”的智慧化入个人的修养和生活中，而且要运用到整个社会的发展规划中。绿色发展对自然法则遵循“服从—认同—内化”之法，从而建立绿色规则，树立绿色信念，成就绿色之道。以“道法自然”传统为思想渊源的绿色发展观，既符合国人的文化心理需求，也顺应世界环保潮流，对于化解环境危机、促进可持续发展具有深远意义。孔子云：“人能弘道，非道弘人。”我们今天不仅要传承“道法自然”的智慧，还应将之发扬光大，奉献给世界。

（资料来源：赵建永．道法自然的智慧．光明日报，2016-12-14．）

行为训练

1. 阅读《老子》和《庄子》内七篇。
2. 每月至少一次到公园或自然景区亲近大自然，并撰写游记。

第二章 归 根

道家既然以其所理解的“自然”为天道和人道，作为应对人生问题的总原则，当然就要求将此自然之道内化于人格，贯彻于人生，而这就需要通过道家的修养工夫来达成。这个修养工夫，老子称为“归根”，又称“复命”“复归于朴”，即返归于自然的本性。

老子提出的修养方法是“为道日损”“涤除玄鉴”与“致虚守静”。人本初的自

微课

“坐忘”之法

微课

“心斋”之法

然状态，当然是与自然浑然一体的“素”“朴”的状态，但现实中的人们往往被欲望和对事物支离偏失的认识所遮蔽，离开了本性，因此需要通过修养不断“少私寡欲”“绝圣弃智”，减除心中那些不合于道的因素，恢复心智的澄明，才能回复到柔和纯真的自然状态。

庄子不但对政治没有兴趣，也鄙薄一切世俗追求，而专注于回到单纯的精神自我，在那种状态中享受“逍遥”的“天乐”。他的修养方法称为“心斋”“坐忘”。“心斋”，就是摒除一切思虑及情欲，保持虚静的精神状态。“坐忘”，就是忘形、忘利、忘心，直至忘己。庄子修养次第是：外天下→外物→外生→朝彻→见独→无古今→入于不死不生，最后“同于大通”，达到“天地与我并生，而万物与我为一”的自然状态。庄子的修养方法和老子大体是一样的，都是通过在意识中排除知见、欲望等世俗的因素，回到自己纯粹的本心，摆脱常人的烦苦，获得心灵的轻松快乐，并因自心的空灵而体验到“独与天地精神相往来”，从而使自己的人格和人生获得升华。

典型案例

案例　豆瓣“极简生活”小组

在这个“买买买”的消费时代，越来越多的青年人反其道而行之，开始告别繁杂和奢侈，崇尚简约生活。据报道，在百度、豆瓣、天涯等网络社区里，践行极简生活模式的人们已达好几万人。其中，创建于2012年的豆瓣小组“极简生活”就聚集了53 969名成员（截至2017年2月22日）。

“极简生活”小组的组长Oscar介绍，自己与“极简”这么时髦的概念搭上始于藏书。他说，大学时期为了营造出书香门第的虚假繁荣，把家里的一面墙做成了书架，但整面墙的书籍，大部分未读，渐渐地还对自己形成了压力。某天，他以一个问题打破了僵局：如果只能拥有一本书，自己会留哪一本呢？辗转反侧一夜后，他只留下一本书，其他的都捐给了图书馆。看着那空空如也的书架，他感到无比轻松。

2016年4月，小组成员在网上发起了“30天极简挑战”：第一天舍弃1件物品，第二天2件，逐日增加，直到月底的30件。在一天天的舍弃和清理中，参与者们惊奇地发现，自己已在不知不觉中囤积了很多无用之物。

极简主义者遵循的是“谨慎地拥有，珍惜地使用，勇敢地舍弃”的原则，提倡在自己的能力范围内购买优质商品，断舍离廉价物品，避免浪费，戒除冲动购物和过度消费的不良习惯。网友 bingo 感慨，极简生活让消费少了很多，但却让自己有了更多旅游、学习的机会。Kelly 通过两年断舍离，争取做到家中的每件物品都让人怦然心动。从此，她再也没有了请客前一天慌忙打扫的窘态。一名小组成员在践行极简生活一年之后，发现自己做事情不再拖延，减少了很多不必要的购物欲望，看到脏乱的地方也会想去清理。

更重要的是，很多极简生活实践者已升华到了精神世界的极简。Oscar 反思道：“因为我无法通过‘买买买’的囤积生活找到幸福，所以，我反叛了。极简引领我找到了人生方向吗？没有。是思考让我找到了人生方向。但是，思考的时间和空间来自极简的生活。”

阅后思考

1. 结合案例谈谈你对艰苦朴素和极简主义的理解。

2. 检点一下你的物品，看看哪些东西是必需的、哪些不是，试着舍弃一件你不需要的东西。

经典文本

◎ 致虚极，守静笃。万物并作，吾以观复。夫物芸芸，各复归其根。归根曰“静”，“静”曰“复命”。复命曰“常”，知常曰“明”。

——《老子·第十六章》

【参考译文】达到极端的空虚无欲，坚守彻底的清静无为。万物蓬勃生长，我来观察其中循环往复的规律。万物纷纷芸芸，各自回到它的根本。归根本叫作“静”，静叫作“复命”。复命叫作“常”，了解“常”叫作“明”。

◎ 见素抱朴，少私寡欲，绝学无忧。

——《老子·第十九章》

【参考译文】显现并坚守朴素，减少私欲，杜绝世俗之学，就不会有忧患。

◎ 曰：“何谓天？何谓人？”北海若曰：“牛马四足，是谓天；落马首，穿牛鼻，是谓人。故曰：无以人灭天，无以故灭命，无以得殉名。谨守而勿失，是谓反其真。”

——《庄子·秋水》

【参考译文】（河伯）说：“什么是天生的？什么是人为的？”海神说：“牛马有四

只脚，这是天生赋予的；但人给马套上笼头，给牛穿上鼻环，这就是后天人为的了。所以说，不要用人事去毁灭天生，不要用造作去破坏事物本来的命运，不要因贪求外物而牺牲了声名。谨慎持守这些道理，而不忘失，这就叫作返回自然的本真。”

◎ 谨修而身，慎守其真，还以物与人，则无所累矣。

——《庄子·渔父》

【参考译文】你要谨慎修身，保持你的本真，使人与物各还归自然，那就没有累害了。

◎ 丧己于物，失性于俗者，谓之倒置之民。

——《庄子·缮性》

【参考译文】丧失自己于物欲，迷失本性于世俗的，就叫作本末倒置的人。

经典故事

1. 匠石运斤

郢人垩慢其鼻端若蝇翼，使匠人斫之。匠石运斤成风，听而斫之，尽垩而鼻不伤，郢人立不失容。宋元君闻之，召匠石曰：“尝试为寡人为之。”匠石曰：“臣则尝能斫之。虽然，臣之质死久矣。”

——《庄子·徐无鬼》

故事大意：有个郢地人鼻尖沾了一点石灰，像苍蝇翅膀那样薄，叫工匠阿石用斧头来削掉。工匠阿石把斧子轮得呼呼带风，放手砍去，石灰都削掉了，鼻子一点没受伤。那个郢地人站着面不改色。宋元君听说了这件事，召来工匠阿石说：“你试着替我削一下看看。”工匠阿石说：“我曾经的确能削鼻子上的灰，不过，能配合我这样削的对象已经死了很久了。”

2. 鼓盆而歌

庄子妻死，惠子吊之，庄子则方箕（jī）踞（jù）鼓盆而歌。惠子曰：“与人居，长子、老、身死不哭亦足矣，又鼓盆而歌，不亦甚乎！”庄子曰：“不然。是其始死也，我独何能无概！然察其始而本无生；非徒无生也，而本无形；非徒无形也，而本无气。杂乎芒芴之间，变而有气，气变而有形，形变而有生，今又变而之死，是相与为春秋冬夏四时行也。人且偃然寝于巨室，而我嗷嗷然随而哭之，自以为不通乎命，故止也。”

——《庄子·至乐》

故事大意：庄子妻子死了，惠子来吊丧，庄子正盘膝而坐敲击瓦盆唱歌。惠子说：“你与你妻子一起生活，孩子大了，她也老迈了，现在死了。你不哭也就罢了，却敲击瓦盆唱歌，不是太过分了吗！”庄子说：“不是这样。在她刚死的时候，我难道能不悲痛么！然而推究其最初本来是未曾有生命，不但未曾有生命，而且本来没有形体；不但没有形体，而且本来无气。在恍惚迷离状态中，变化而有了气，气变而有形体，形体变而有生命。现在又由生而变成死，这就像那春秋冬夏四季交替运行一样。人家都已经在天地之间安息了，而我在旁边哭泣不止，这样是不是不通达天命呢，所以我才停止哭泣呀。”

拓展阅读

断舍离

山下英子

一言以蔽之，断舍离就是——通过收拾物品来了解自己，整理自己内心的混沌，让人生更舒适的行为技术。换句话说，就是——通过收拾家里的破烂儿，也整理内心中的破烂儿，让人生变得开心的方法。

总而言之，断舍离就是通过收拾自己居住的空间，让自己从看得见的世界走向看不见的世界。因此，要采取的行动是——

“断”＝断绝想要进入自己家的不需要的东西。

“舍”＝舍弃家里到处泛滥的破烂儿。

通过不断重复“断”和“舍”，最后会到达这样的状态：

“离”＝脱离对物品的执念，处于游刃有余的自在的空间。

断舍离和单纯的扫除、收拾不一样，并不是以“很可惜啊”“还能用吗”“不能用了吗”为考虑的重点，而是要自问“这个东西适合自己吗”。换句话说，断舍离的主角并不是物品，而是自己。这是一种以“物品和自己的关系性”为核心取舍选择物品的技术。你要做到的思考方式并不是“这东西还能使，所以要留下来”，而是“我要用，所以它很必要”。主语永远都是自己，而时间轴永远都是现在。现在自己不需要的东西就必须放手，只选择必要的物品。通过这个过程，你可以从看得见的世界走向看不见的世界，最终实现对自己的深刻、彻底的了解，并接纳最真实的自己。如此一来，不仅是居住环境，就连整个人的心灵都能轻松舒畅了。

我与断舍离的相遇是在差不多20年前，契机是当时我在高野山的寺庙借宿，看到了修行僧非常爱惜地使用着生活必需品，以及把每个角落都仔仔细细打扫干净的整洁舒畅的日常空间。这与并非日常生活的宾馆里的舒适感不同，是非常清爽的。当时，杂志和电视上正在盛行收纳术，非得把堆到满出来的东西仔细地分类、整理、收纳，否则就没办法收拾屋子——这就是我们的生活。想来，我们的生活是在不停地做加法。这个也想要，那个也想要，走上街，到处都充斥着无穷无尽的物品。然而无论是物理上还是精神上，我们是不是连“让自己混乱的东西”都背上身了呢？近距离观察高野山的生活，让我发现了从加法生活转向减法生活的重要性。

我们的生活就是由日常生活中平凡琐碎的家务事构成的。因此，想要在日常生活中维持清爽的环境、神圣的空间，不就是重复做这些家务吗？不需要闭上眼睛，也不需要静静打坐，只要坦然面对物品，也就是坦然面对自己。整理房间也就是整理自己。并不是心灵改变了行动，而是行动带来了心灵的变化。只要有所行动，心灵就会跟上脚步。可以说，断舍离就是一种动禅。

那么，断舍离具体要采取哪些过程呢？请允许我将通常在讲座上说的话浓缩地记在这里。虽然说是过程，可其实只要了解了思考模式，就会开始领悟，接下来就是自动启动程序了，大家就会迫不及待地非常想要进行断舍离。虽然“收拾”这个词会让人感到有责任感，有点沉重，让人不由自主地想要逃避，可很多人却觉得“如果是断舍离的话我就能做到!”。这也是理所当然的，因为这毕竟是要将被掩埋的自己重新拯救出来的工作。我希望能有更多的人了解断舍离，通过断舍离过上悠闲舒适的生活。如果这个物欲横流的社会，变得只有必需的物品，并且能够顺利地流通到最必要的场合，那又会怎样？可以说，那就能够促进生活的代谢和循环！这种自诩的废话暂且放到一边。我希望大家能够神奇般地对断舍离上瘾，能够了解自己，而且最重要的是，能够加速良性的变化！

（资料来源：山下英子．断舍离．南宁：广西科学技术出版社，2013. 有删节．）

行为训练

1. 请将自己的欲望与需要按照强弱程度的不同填在下图中。

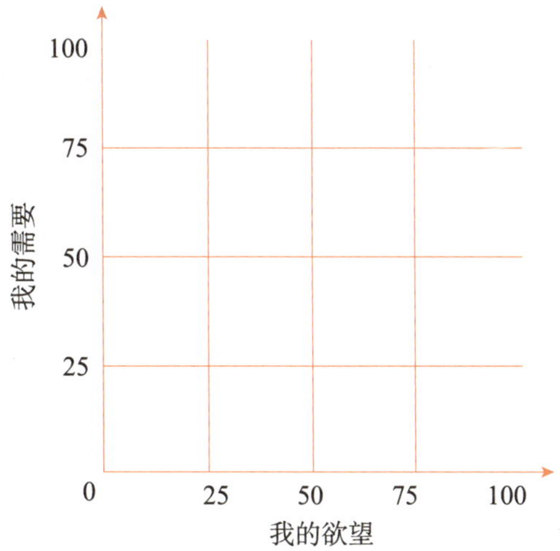

2. 统计自己每天用电脑和手机玩电子游戏、网聊、网上浏览的时间，在日记里记录下来。

3. 反省一下自己会不会因为消费品而产生体面感或自卑感，在日记里记录下来。

第三章　无　为

道家以“自然”为宇宙人生大道，在实践上要求人像道和天一样“无为”，故道家把“无为”作为人生和社会的实践原则。老子说：“为无为，事无事，味无味。”但“无为”不是什么都不做，而是以自然的态度对待人生，对待事物，顺应事物的本性和自然趋势，不刻意，不妄为。老子说：“圣人处无为之事，行不言之教。万物作焉而不为始，生而不有，为而不恃，功成而弗居。”庄子也说：“无为而万物化”，只要依自然原则为人处事，不必设定特定的目的去刻意做什么，更要减除种种妨害生命的人为施设，事物就可以自然地存在和运化。由此老子在政治上就主张无为而治：“为无为，而无不治”。

在庄子那里，由于自然无为即顺乎自然地为人处事，人就没有思虑，而可以解放心灵。“无为名尸，无为谋府，无为事任，无为知主。体尽无穷，而游无朕。”人做到去名去谋，无事无知，就无所牵系，而完全听任自然，由此即能游心于逍遥的精神境界。

微课

猴子逞能

《淮南子》对老庄无为说作了修正：“所谓无为者，不先物为也。所谓无不为者，因物之所为。”“若吾所谓无为者……循理而举事，因资而立”，认为遵循事物自然趋势而为，就是无为。

可见，道家在原则上的“自然”、修养上的“归根”、实践上的“无为”是一致的，包含了道家的世界观和价值观，主要着落在人生实践。

典型案例

案例 1　弄巧成拙

有位先生在散步时，看到路边一棵小树的枝叶上，有一只虫蛹正在蠢蠢欲动，想挣开茧壳。他好奇地在一旁观察飞蛾“破茧而出”的全过程。过了一会儿，只见蛾子在茧内奋力地挣扎，看来它难以摆脱虫茧的束缚，似乎没有可能钻出来了。这位心地善良、充满兴趣的男子失去了耐性，他拿出小剪刀，在茧的顶端部分剪开一个小洞，以便让蛾子从里面钻出来稍微容易些。果然，不到几分钟时间，蛾子终于轻松地钻了出来，趴在树枝上，它的身体一下子变得非常臃肿，翅膀倒显得有点萎缩。遗憾的是，这只得到帮助的飞蛾，不但无法在空中飞翔，呈现自己的美丽，反而只能在地面缓慢地爬行，不一会儿竟然气绝身亡。原来，飞蛾在作蛹时，翅膀萎缩而不发达，必须经过一番挣扎，身体里的体液才能流到翅膀中去，两只翅膀稍后才能在空中有力地扇动飞翔。这位先生按照自己的良好愿望去帮助飞蛾出茧，却造成了飞蛾的悲剧。

案例 2　物种灭绝

英国生态学和水文学研究中心的杰里米·托马斯领导的一支科研团队在最近出版的《科学》杂志上发表了一篇英国野生动物调查报告，文中称，在过去 40 年中，英国本土的鸟类种类减少了 54%，本土的野生植物种类减少了 28%，而本土蝴蝶的种类更是惊人地减少了 71%。一直被认为种类和数量众多、有很强恢复能力的昆虫也开始面临灭绝的命运。据统计，全世界每天有 75 个物种灭绝，每小时有 3 个物种灭绝。

工业革命以来，地球人口不断地增加，需要的生活资料越来越多，人类的活动范围越来越大，对自然的干扰越来越多。如此这般，大批的森林、草原、河流消失了，取而代之的是公路、农田、水库……生物的自然栖息地被人类活动的痕迹割裂得支离破碎，造成了物种的大量消失。

阅后思考

1. 反省一下，你有没有做过弄巧成拙的事情？记录下来。
2. 当今世界自然环境恶化的原因是什么？

经典文本

◎ 道常无为而无不为。侯王若能守之，万物将自化。

——《老子·第三十七章》

【参考译文】道永远顺应自然不妄为，就能够无所不为。侯王如果能坚守它，万物将会自己生长变化。

◎ 天地有大美而不言，四时有明法而不议，万物有成理而不说。圣人者，原天地之美而达万物之理。是故至人无为，大圣不作，观于天地之谓也。

——《庄子·知北游》

【参考译文】天地有大美，但人们无法用言语表达，一年四季有明显的规律但人们从不议论；万物的存在和变化都遵循现成的规律，只是人们没有发现而已。圣人探究天地的大美而通达万物生长的道理，所以“至人”顺应自然，“大圣”不妄自造作，这是说对天地作了深入细致的观察。

◎ 吾所与吾子游者，游于天地。吾与之邀乐于天，吾与之邀食于地。吾不与之为事，不与之为谋，不与之为怪；吾与之乘天地之诚而不以物与之相撄，吾与之一委蛇而不与之为事所宜。

——《庄子·徐无鬼》

【参考译文】我和我儿子遨游的，乃是游于天地。我和他同乐于天，我和他求食于地；我不和他求功业，不和他图谋虑，不和他标新立异；我只和他顺天地的实情而不因外物相违背，我和他顺应自然而不为任何外事所左右。

◎ 无以人灭天，无以故灭命，无以得殉名。谨守而勿失，是谓反其真。

——《庄子·秋水》

【参考译文】不要用人事去毁灭天然，不要用造作去毁灭性命，不要因贪得去求声名。谨守这些道理而不违失，这就叫作回复到天然的本性。

微课

惠子相梁

◎ 体尽无穷，而游无朕；尽其所受乎天，而无见得，亦虚而已。至人之用心若镜，不将不迎，应而不藏，故能胜物而不伤。

——《庄子·应帝王》

【参考译文】体会着无穷的大道，游心于寂静的境域，承受着自然的本性，而不自我夸矜，这也是达到空明的心境。至人的用心有如镜子，任物的来去而不加迎送，如实反映而无所隐藏，所以能够胜物而不被物所损伤。

经典故事

1. 萧规曹随

参代何为汉相国，举事无所变更，一遵萧何约束。……惠帝怪相国不治事……参免冠谢曰："陛下自察圣武孰与高帝?"上曰："朕乃安敢望先帝乎!"曰："陛下观臣能孰与萧何贤?"上曰："君似不及也。"参曰："陛下言之是也。且高帝与萧何定天下，法令既明，今陛下垂拱，参等守职，遵而勿失，不亦可乎?"惠帝曰："善。君休矣!"

——《史记·曹相国世家》

故事大意：曹参接替萧何做汉朝的相国，完全遵守萧何制定的规约，所有事务不做改变……汉惠帝未能理解曹参的治国思想，责怪他不理国政……曹参问："陛下和高皇帝比哪一个圣明?"惠帝说："我怎么敢与先帝比呢!"曹参又问："陛下看我和萧何谁更能干?"惠帝说："你好像比不上萧何。"曹参说："陛下说得对。高皇帝和萧何平定天下，法令已经明确，现在陛下无为而治，我这样的人恪守职责，遵循前代之法不丢失，不是很好吗?"曹参任丞相三年，政治稳定，经济发展，人民生活水平日渐提高。

2. 鲁侯养鸟

昔者海鸟止于鲁郊，鲁侯御而觞之于庙，奏九韶以为乐，具太牢以为膳。鸟乃眩视忧悲，不敢食一脔，不敢饮一杯，三日而死。此以己养养鸟也，非以鸟养养鸟也。夫以鸟养养鸟者，宜栖之深林，游之坛陆，浮之江湖，食之鳅鲦，随行列而止，委蛇而处。

——《庄子·至乐》

故事大意：从前有一只海鸟停留在鲁国都城的郊外。鲁侯非常喜欢，把它迎进太庙，用酒宴招待它，演奏《九韶》之乐使它高兴，设太牢之宴给它吃。可这鸟却头晕目眩、忧愁悲苦，不敢吃一块肉，不敢饮一杯酒，三天就死了。这是因为鲁侯用养自己的方式去养鸟，不是用养鸟的方式去养鸟。用养鸟的方式养鸟，应该让它栖息在深林中，漫游在沙洲荒岛，浮沉于江湖水面，捕食泥鳅白鲦等小鱼，随鸟群行列飞行与留止，从容自如地生活。

为无为

冯友兰

中国哲学里，“无为”二字有许多意义。照一个意义讲，无为即是少为或寡为。如先秦的道家，在社会政治方面，主张“返璞还淳”，在个人生活方面，主张“少私寡欲”。此所谓无为均是这一意义的无为。人是动物，即“望文生义”，我们亦可知人不能免于动，动即是为。至少吃饭睡觉这一种的动，这一种的为，总是有的。人不能完全不动，即不能完全无为，所以这一意义的无为，即是少为或寡为。不曰少为或寡为而曰无为者，不过是有些人欲以这两字的字面的意义，表示少为或寡为之极端的说法而已。

照另一意义讲，无为即是率性而为，不有意地为。照道家的说法，万物皆有所可，有所不可，有所能，有所不能。人亦是如此。人若照着他所能去为，即是不有意地为，率性而为。不有意地为，率性而为，即是无为。这一意义的无为，魏晋道家讲得最清楚。照郭象《庄子注》的讲法，一个天才诗人，虽写千万首诗，亦是无为。因为他写诗是他的天才的自然发展，行乎其所不得不行，止乎其所不得不止，不是矫揉造作地要做诗。一个斗方名士，虽写一首诗，亦是有为。因为他写诗是矫揉造作地要写诗。他矫揉造作地要写诗，以求人家称他为诗人，赞他为风雅。魏晋道家仍沿用先秦道家所谓“返璞还淳”等语，不过他们所给与此等语的意义，则与先秦道家不同。一个天才诗人虽写千万首诗，亦是朴，不是文。一个斗方名士，虽只写一首诗，亦是文，不是朴。

照另外又一意义讲，无为即是因势而为。一个人或一个社会，能随着时势走的，即是无为；不随着或逆着时势走的，即是有为。用现在的话说，随着时代潮流走的是无为，不随着或反着时代潮流走的，是有为。我们常说“顺水推舟”及“水到渠成”。顺着时势走，如“顺水推舟”，推舟的人是不费力的，所以是无为。不顺着时势或逆着时势走，如“逆水行舟”，行舟的人是费力的，所以是有为。顺着时势走，如水到而渠自成，不必特意费力于造渠，所以是无为。不顺着时势走或逆着时势走，如水已到而硬不让其成渠，硬不让是费力的，所以是有为。

照再另外的一意义讲，无为即是顺理而为。这一点《庄子·养生主》有很清楚的说法。《庄子·养生主》说，庖丁的刀，用了十九年，解了数千牛，“而刀刃若新发于硎（xíng）”。牛身上有天然的腠理，即所谓天理。庖丁始学解牛的时候，他看不见这些天然的腠理，他只看见一个整个的牛。三年之后，他一见牛即见这些腠理，他所看见的是一个浑身都是漏洞的牛，而不是一个整个的牛。于是他解牛，即从这些漏洞处下手，所谓“依乎天理，因其固然”。所以他虽解许多牛，而刀刃不伤。因为漏洞的地方，是“有间”，而刀刃是“无厚”，以无厚入有间，不费丝毫之力。他这解牛，即是依理而为。如此的为，可以不费丝毫之力，所以是无为。普通的庖人，于解牛之时，并看不见牛身上的漏洞，只看见一个整个的牛。牛对于他是浑然一体，所以他于解牛时，简直不知如何下手。不知如何下手而又不得不下手，只得拿刀乱砍一阵，不是砍着骨，便是砍着筋，所以费力而刀亦吃亏。他解牛不是“依乎天理，因其固然”，即不是顺理而为。他因此费力而刀亦吃亏。就其费力而刀亦吃亏说，他的为是有为。《庄子·达生》篇说：吕梁丈人善游水，其方法是“从水之道而不为私焉”。这亦是说顺理而为。我们常说善游水者为精通水性。通水性则能顺水性而游。能顺水性者，不费力而游，其游是无为。不顺水性者，费力而或不能游，其费力是有为。推到别的人事上，亦常有这种情形。有些人办事，事一到手，即看出事的漏洞，不费力即将事解决。有些人办事，只看见一堆事，而看不见漏洞，只见事横在前，而无路可走。无路可走，而又不能不走，于是瞎闯乱撞，费尽气力而仍是走不动。俗语说：“会者不难，难者不会。”会者不难，是无为而为；难者不会，是有为而为不成。

照再另外一意义讲，无为即是无为而无不为。先秦道家所讲道的无为，是此意义的无为。道无为而任万物之自为，所以他虽无为而实无不为。法家所说的无为，亦是此意义的无为。君无为而任臣下之自为，所以他亦虽无为而实无不为。

孔子虽说：“无为而治者，其舜也欤？”但此后儒家不说无为。以后儒家说：“正其谊不谋其利，明其道不计其功。”此话虽是董仲舒说的，比较晚出，但确可表示儒家对于“为”的态度。儒家对于“为”的态度，不是“无为”，而是“无所为而为”。如因一事是对于个人有利，或有功，而为之，则此为是有所为而为。利或功即是此为之所为。如因一事是应该为而为之，则此为是无所为而为。无所为而为，与无为不同。但一个人若真能无所为而为，则亦可以得到一种无为。宋明道学家所说的无为，即是属于这一类的无为。宋明道学家，陆王一派说无为，是就心说。程明道说：“天道无心而成化，圣人有心而无为。”又说：“君子之学，莫若廓然而大公，物来而顺应。”孟子说：“今人乍见孺子将入于井，皆有怵惕恻隐之心，非所以纳交于孺子之父母也，非所以要誉于乡党朋友也，非恶其声而然也。”这一段话是宋明道学家所常引用的。用这一段所说的事作例。一个人乍见孺子将入于井，皆有怵惕恻隐之心。他所以如此，并不是要纳交于孺子之父母等，并不是有所为。于此时他的心是廓然大公的，他的廓然大公的心，感觉到怵惕恻隐，即向前救此孺子。此即所谓物来顺应。有恻隐之心，以及向前救此孺子，皆是无所为而为。如有所为而为，用宋明道学家的话，即是有私意，有私意，则此心即不是廓然大公的了。心不是廓然大公的，则其发出的行为，即不是“顺应”，即有私意造作，有私意造作是有为，无私意造作是无为。

宋明道学家中，程朱一派说无为，是就理说。朱子说：“廓然大公，只是除却私意，事物之来，顺他道理应之。”又说：“至于圣人则顺理而已，复何为哉?”此无为是就理说。照朱子的说法，就道德方面说，对于每一种事都有一个最好的，最妥当的办法。此办法即是理，照着理去办是顺理，顺理是无为。若于顺理外另有所为，即是有私意，有私意造作是有为，无私意造作是无为。此所说无为，与道家所说顺理而为的无为，有相似处。

一个人一生中所做的事，大概可以分为两部分。一部分是他所愿意做的，一部分是他所应该做的。合乎他的兴趣的，是他所愿意做的；由于他的义务的，是他所应该做的。道家讲无所为而为，是就一个人所愿意做的事说。儒家讲无所为而为，是就一个人所应该做的事说。道家以为，人只需做他所愿意做的事，这在事实上是不可能的。儒家以为，人只应该做他所应该做的事，这在心理上是过于严肃的。我们必须将道家在这一方面所讲的道理，及儒家在这一方面所讲的道理，合而行之，然后可以得一个整个的无所为而为的人生，一个在这方面是无为的人生。

（资料来源：冯友兰．新世训：生活方法新论．北京：北京大学出版社，1996. 有删节．）

行为训练

1. 检讨一下自己在日常生活中是否有肆意妄为、矫揉造作的情况，在日记中记录下来并加以改正。

2. 每做出一个决定时，不妨自问：这个决定主要是受他人影响、外物吸引、环境制约、欲望驱动、为了面子，还是出于自我发展的需要？

阅读建议

1. 陈鼓应：《老子今注今译》《庄子今注今译》。
2. 南怀瑾：《老子他说》。
3. 刘笑敢：《老子古今》。
4. 冯达文：《道家哲学略述》。
5. 傅佩荣：《逍遥之乐——傅佩荣谈庄子》。
6. 王博：《庄子哲学》。

附　录

老　子

第一章（论道）

微课

《老子》选段
粤语吟诵

道可道，非常道；名可名，非常名。无，名天地之始；有，名万物之母。故常无，欲以观其妙；常有，欲以观其徼（jiào）。此两者，同出而异名，同谓之玄。玄之又玄，众妙之门。

第二章（治国）

天下皆知美之为美，斯恶已；皆知善之为善，斯不善已。有无相生，难易相成，长短相形，高下相倾，音声相和，前后相随，恒也。是以圣人处无为之事，行不言之教；万物作而弗始，生而弗有，为而弗恃（shì），功成而弗居。夫唯弗居，是以不去。

第三章（治国）

不尚贤，使民不争；不贵难得之货，使民不为盗；不见可欲，使民心不乱。是以圣人之治，虚其心，实其腹，弱其志，强其骨。常使民无知无欲，使夫智者不敢为也。为无为，则无不治。

第四章（论道）

道冲，而用之或不盈。渊兮，似万物之宗。（挫其锐，解其纷，和其光，同其尘。）湛兮，似或存。吾不知谁之子，象帝之先。

第五章（治国）

天地不仁，以万物为刍狗；圣人不仁，以百姓为刍狗。天地之间，其犹橐（tuó）籥（yuè）乎！虚而不屈，动而愈出。多言数穷，不如守中。

第六章（论道）

谷神不死，是谓“玄（xuán）牝（pìn）”。玄牝之门，是谓天地根。绵绵若存，用之不勤。

第七章（修身）

天长地久。天地所以能长且久者，以其不自生，故能长生。是以圣人后其身而身先，外其身而身存。以其无私，故能成其私。

第八章（修身）

上善若水。水善利万物而不争，处众人之所恶，故几于道。居善地，心善渊，与善仁，言善信，政善治，事善能，动善时。夫唯不争，故无尤。

第九章（养生）

持而盈之，不如其已；揣而锐之，不可长保。金玉满堂，莫之能守；富贵而骄，自遗其咎。功遂身退，天之道也。

第十章（修身）

载营魄抱一，能无离乎？专气致柔，能如婴儿乎？涤除玄鉴，能无疵乎？爱民治国，能无为乎？天门开阖（hé），能为雌乎？明白四达，能无知乎？（生之畜之。生而不有，为而不恃，长而不宰，是谓“玄德”。）

第十一章（论道）

三十辐，共一毂（gǔ），当其无，有车之用。埏（shān）埴（zhí）以为器，当其无，有器之用。凿户牖（yǒu）以为室，当其无，有室之用。故有之以为利，无之以为用。

第十二章（养生）

五色令人目盲，五音令人耳聋，五味令人口爽，驰骋畋（tián）猎令人心发狂，难得之货令人行妨。是以圣人为腹不为目。故去彼取此。

第十三章（修身）

宠辱若惊，贵大患若身。何谓宠辱若惊？宠为上，辱为下；得之若惊，失之若惊，是谓宠辱若惊。何谓贵大患若身？吾所以有大患者，为吾有身；及吾无身，吾有何患？故贵以身为天下，若可寄天下；爱以身为天下，若可托天下。

第十四章（论道）

视之不见，名曰“夷”；听之不闻，名曰“希”；搏之不得，名曰“微”。此三者不可致诘，故混而为一。其上不皦（jiǎo），其下不昧，绳绳兮不可名，复归于无物。是谓无状之状，无物之象，是谓惚恍。迎之不见其首，随之不见其后。执古之道，以御今之有。能知古始，是谓道纪。

第十五章（修身）

古之善为士者，微妙玄通，深不可识。夫唯不可识，故强为之容：豫兮，若冬涉川；犹兮，若畏四邻；俨兮，其若客；涣兮，其若凌释；敦兮，其若朴；旷兮，其若谷；混兮，其若浊；（澹兮，其若海；飂（liù）兮，若无止。）孰能浊以静之徐清？孰能安以动之徐生？保此道者，不欲盈。夫唯不盈，故能蔽而新成。

第十六章（修身）

致虚极，守静笃。万物并作，吾以观复。夫物芸芸，各归其根。归根曰“静”，静曰“复命”。复命曰“常”，知常曰“明”。不知“常”，妄作凶。知常“容”，容乃公，公乃全，全乃天，天乃道，道乃久，没身不殆。

第十七章（治国）

太上，下知有之；其次，亲而誉之；其次，畏之；其次，侮之。信不足焉，有不信焉。悠兮其贵言。功成事遂，百姓皆谓：“我自然。”

第十八章（砭时）

大道废，有仁义；智慧出，有大伪；六亲不和，有孝慈；国家昏乱，有忠臣。

第十九章（治国）

绝智弃辩，民利百倍；绝仁弃义，民复孝慈；绝巧弃利，盗贼无有。此三者，以为文，不足。故令有所属：见素抱朴，少私寡欲，绝学无忧。

第二十章（修身）

唯之与阿，相去几何？美之与恶，相去若何？人之所畏，不可不畏。荒兮，其未央哉！众人熙熙，如享太牢，如春登台；我独泊兮，其未兆。沌沌兮，如婴儿之未孩；儽（lěi）儽兮，若无所归。众人皆有余，而我独若遗，我愚人之心也哉！俗人昭昭，我独昏昏；俗人察察，我独闷闷。（澹兮其若海，飂（liù）兮若无止。）众人皆有以，而我独顽且鄙。我独异于人，而贵食母。

第二十一章（论道）

孔德之容，惟道是从。道之为物，惟恍惟惚。惚兮恍兮，其中有象；恍兮惚兮，其中有物。窈兮冥兮，其中有精；其精甚真，其中有信。自今及古，其名不去，以阅众甫（fǔ）。吾何以知众甫之状哉？以此。

第二十二章（修身）

曲则全，枉则直，洼则盈，敝则新，少则得，多则惑。是以圣人抱一为天下式。不自见，故明；不自是，故彰；不自伐，故有功；不自矜，故长。夫唯不争，故天下莫能与之争。古之所谓“曲则全”者，岂虚言哉？诚全而归之。

第二十三章（治国）

希言自然。故飘风不终朝，骤雨不终日。孰为此者？天地。天地尚不能久，而况人乎？故从事于道者，同于道；德者，同于德；失者，同于失。同于道者，道亦乐得之；同于德者，德亦乐得之；同于失者，失亦乐得之。（信不足焉，有不信焉。）

第二十四章（修身）

企者不立；跨者不行。自见者，不明；自是者，不彰；自伐者，无功；自矜者，不长。其在道也，曰：余食赘行。物或恶之，故有道者不处。

第二十五章（论道）

有物混成，先天地生。寂兮寥兮，独立而不改，周行而不殆，可以为天地母。吾不知其名，强字之曰“道”，强为之名曰“大”。大曰“逝”，逝曰“远”，远曰“反”。故道大，天大，地大，人亦大。域中有四大，而人居其一焉。人法地，地法天，天法道，道法自然。

第二十六章（修身）

重为轻根，静为躁君。是以君子终日行不离辎（zī）重。虽有荣观，燕处超然。奈何万乘之主而以身轻天下？轻则失根，躁则失君。

第二十七章（治国）

善行，无辙迹；善言，无瑕谪；善数，不用筹策；善闭，无关楗（jiàn）而不可开；善结，无绳约而不可解。是以圣人常善救人，故无弃人；常善救物，故无弃物。是谓“袭明”。故善人者不善人之师，不善人者善人之资。不贵其师，不爱其资，虽智大迷，是谓“要妙”。

第二十八章（修身）

知其雄，守其雌，为天下谿。为天下谿，常德不离，复归于婴儿。知其白，（守其黑，为天下式。为天下式，常德不忒（tè），复归于无极。知其荣，）守其辱，为天下谷。为天下谷，常德乃足，复归于朴。朴散则为器，圣人用之，则为官长，故大制不割。

第二十九章（治国）

将欲取天下而为之，吾见其不得已。天下神器，不可为也，不可执也。为者败之，执者失之。（是以圣人无为，故无败；无执，故无失。）夫物，或行或随；或歔或吹；或强或羸（léi）；或载或隳（huī）。是以圣人去甚，去奢，去泰。

第三十章（议兵）

以道佐人主者，不以兵强天下。其事好还。师之所处，荆棘生焉。大军之后，必有凶年。善有果而已，不敢以取强。果而勿矜，果而勿伐，果而勿骄，果而不得已，果而勿强。物壮则老，是谓不道，不道早已。

第三十一章（议兵）

夫兵者，不祥之器，物或恶之，故有道者不处。君子居则贵左，用兵则贵右。兵者不祥之器，非君子之器，不得已而用之，恬淡为上。胜而不美，而美之者，是乐杀人。夫乐杀人者，则不可以得志于天下矣。吉事尚左，凶事尚右。偏将军居左，上将军居右。言以丧礼处之。杀人之众，以悲哀泣之，战胜，以丧礼处之。

第三十二章（论道）

道常无名、朴。虽小，天下莫能臣。侯王若能守之，万物将自宾。天地相合，以降甘露，民莫之令而自均。始制有名，名亦既有，夫亦将知止，知止可以不殆。

譬道之在天下，犹川谷之于江海。

第三十三章（修身）

知人者智，自知者明。胜人者有力，自胜者强。知足者富。强行者有志。不失其所者久，死而不亡者寿。

第三十四章（论道）

大道氾（fàn ）兮，其可左右。万物恃之以生而不辞，功成而不有，衣被万物而不为主，可名于“小”；万物归焉而不为主，可名为“大”。以其终不自为大，故能成其大。

第三十五章（论道）

执大象，天下往。往而不害，安平泰。乐与饵，过客止。道之出口，淡乎其无味，视之不足见，听之不足闻，用之不足既。

第三十六章（治国）

将欲歙（xī）之，必固张之；将欲弱之，必固强之；将欲废之，必固举之；将欲取之，必固与之，是谓“微明”。柔弱胜刚强。鱼不可脱于渊，国之利器不可以示人。

第三十七章（治国）

道常无为而无不为。侯王若能守之，万物将自化。化而欲作，吾将镇之以无名之朴。镇之以无名之朴，夫将不欲。不欲以静，天下将自正。

第三十八章（砭时）

上德不德，是以有德；下德不失德，是以无德。上德无为而无以为；下德无为而有以为。上仁为之而无以为；上义为之而有以为。上礼为之而莫之应，则攘（rǎng）臂而扔之。故失道而后德，失德而后仁，失仁而后义，失义而后礼。夫礼者，忠信之薄，而乱之首。前识者，道之华，而愚之始。是以大丈夫处其厚，不居其薄；处其实，不居其华。故去彼取此。

第三十九章（治国）

昔之得一者——天得一以清，地得一以宁，神得一以灵，谷得一以盈，万物得一以生，侯王得一以为天下正。其致之也，天无以清，将恐裂；地无以宁，将恐废；神无以灵，将恐歇；谷无以盈，将恐竭；万物无以生，将恐灭；侯王无以正，将恐蹶（jué）。故贵以贱为本，高以下为基。是以侯王自称孤、寡、不毂（gǔ），此非以贱为本邪？非乎？故至誉无誉。是故不欲琭（lù）琭如玉，珞（luò）珞如石。

第四十章（论道）

反者，道之动；弱者，道之用。天下万物生于“有”，“有”生于“无”。

第四十一章（论道）

上士闻道，勤而行之；中士闻道，若存若亡；下士闻道，大笑之。——不笑，不足以为道。故建言有之：明道若昧；进道若退；夷道若颣（lèi）；上德若谷，广德若不足，建德若偷，质真若渝。大白若辱，大方无隅，大器晚成。大音希声，大象无形，道隐无名。夫唯道，善贷且成。

第四十二章（论道）

道生一，一生二，二生三，三生万物。万物负阴而抱阳，冲气以为和。（人之所恶，惟孤、寡、不穀，而王公以为称。故物或损之而益，或益之而损。人之所教，我亦教之。强梁者不得其死，吾将以为教父。）

第四十三章（治国）

天下之至柔，驰骋天下之至坚。无有入无间，吾是以知无为之有益。不言之教，无为之益，天下希及之。

第四十四章（养生）

名与身孰亲？身与货孰多？得与亡孰病？甚爱必大费，多藏必厚亡。故知足不辱，知止不殆，可以长久。

第四十五章（修身）

大成若缺，其用不弊。大盈若冲，其用不穷。大直若屈，大巧若拙，大辩若讷（nè），大赢若绌（chù）。静胜躁，寒胜热。清静，为天下正。

第四十六章（养生）

天下有道，却走马以粪；天下无道，戎马生于郊。祸莫大于不知足，咎莫大于欲得。故知足之足，常足矣。

第四十七章（修身）

不出户，知天下；不闚（kuī）牖（yǒu），见天道。其出弥远，其知弥少。是以圣人不行而知，不见而明，不为而成。

第四十八章（治国）

为学日益，为道日损。损之又损，以至于无为。无为而无不为。取天下常以无事，及其有事，不足以取天下。

第四十九章（治国）

圣人常无心，以百姓心为心。善者，吾善之；不善者，吾亦善之；德善。信者，吾信之；不信者，吾亦信之；德信。圣人在天下，歙（xī）歙焉，为天下浑其心，百姓皆注其耳目，圣人皆孩之。

第五十章（养生）

出生入死。生之徒，十有三；死之徒，十有三；人之生，动之于死地，亦十有三。夫何故？以其生生之厚。盖闻善摄生者，陆行不遇兕（sì）虎，入军不被甲兵；兕无所投其角，虎无所用其爪，兵无所容其刃。夫何故？以其无死地。

第五十一章（论道）

道生之，德畜之，物形之，势成之。是以万物莫不尊道而贵德。道之尊，德之贵，夫莫之命而常自然。故道生之，德畜之；长之育之；亭之毒之；养之覆之。（生而不有，为而不恃，长而不宰。是谓“玄德”）。

第五十二章（修身）

天下有始，以为天下母。既得其母，以知其子；既知其子，复守其母，没身不殆。塞其兑，闭其门，终身不勤；开其兑，济其事，终身不救。见小曰“明”，守柔曰“强”。用其光，复归其明，无遗身殃；是为“袭常”。

第五十三章（砭时）

使我介然有知，行于大道，唯施是畏。大道甚夷，而人好径。朝甚除，田甚芜，仓甚虚；服文彩，带利剑，厌饮食，财货有余，是谓盗夸。非道也哉！

第五十四章（修身）

善建者不拔，善抱者不脱，子孙以祭祀不辍。修之于身，其德乃真；修之于家，其德乃余；修之于乡，其德乃长；修之于邦，其德乃丰；修之于天下，其德乃普。故以身观身，以家观家，以乡观乡，以邦观邦，以天下观天下。吾何以知天下然哉？以此。

第五十五章（修身）

含德之厚，比于赤子。毒虫不螫（shì），猛兽不据，攫（jué）鸟不搏。骨弱筋柔而握固。未知牝（pìn）牡（mǔ）之合而朘（zuī）作，精之至也。终日号而不嗄（shà），和之至也。知和曰常，知常曰明。益生曰祥，心使气曰强。物壮则老，谓之不道。不道早已。

第五十六章（治国）

知者不言，言者不知。（塞其兑，闭其门，）（挫其锐，解其纷，和其光，同其尘，）是谓“玄同”。故不可得而亲，不可得而疏；不可得而利，不可得而害；不可得而贵，不可得而贱。故为天下贵。

第五十七章（治国）

以正治国，以奇用兵，以无事取天下。吾何以知其然哉？以此：天下多忌讳，而民弥贫；人多利器，国家滋昏；人多伎（jì）巧，奇物滋起；法令滋彰，盗贼多有。故圣人云：“我无为，而民自化；我好静，而民自正；我无事，而民自富；我无欲，而民自朴。”

第五十八章（治国）

其政闷闷，其民淳淳；其政察察，其民缺缺。祸兮，福之所倚；福兮，祸之所伏。孰知其极？其无正也。正复为奇，善复为妖。人之迷，其日固久。是以圣人方而不割，廉而不刿（guì），直而不肆，光而不耀。

第五十九章（修身）

治人事天，莫若啬。夫唯啬，是谓早服；早服，谓之重积德；重积德，则无不克；无不克，则莫知其极；莫知其极，可以有国；有国之母，可以长久。是谓深根固柢（dǐ）、长生久视之道。

第六十章（治国）

治大国，若烹小鲜。以道莅天下，其鬼不神。非其鬼不神，其神不伤人；非其神不伤人，圣人亦不伤人。夫两不相伤，故德交归焉。

第六十一章（治国）

大邦者下流，天下之牝（pìn），天下之交也。牝常以静胜牡，以静为下。故大邦以下小邦，则取小邦；小邦以下大邦，则取大邦。故或下以取，或下而取。大邦不过欲兼畜人，小邦不过欲入事人。夫两者各得所欲，大者宜为下。

第六十二章（修身）

道者，万物之奥。善人之宝，不善人之所保。美言可以市尊，美行可以加人。人之不善，何弃之有？故立天子，置三公，虽有拱璧以先驷马，不如坐进此道。古之所以贵此道者何？不曰：以求得，有罪以免邪？故为天下贵。

第六十三章（修身）

为无为，事无事，味无味。大小多少，（报怨以德。）图难于其易，为大于其细。天下难事，必作于易；天下大事，必作于细。是以圣人终不为大，故能成其大。夫轻诺必寡信，多易必多难。是以圣人犹难之，故终无难矣。

第六十四章（治国）

其安易持，其未兆易谋；其脆易泮（pàn），其微易散。为之于未有，治之于未乱。合抱之木，生于毫末；九层之台，起于累土；千里之行，始于足下。（为者败之，执者失之。是以圣人无为，故无败；无执，故无失。）民之从事，常于几成而败之。慎终如始，则无败事。（是以圣人欲不欲，不贵难得之货；学不学，复众人之所过。以辅万物之自然，而不敢为。）

第六十五章（治国）

古之善为道者，非以明民，将以愚之。民之难治，以其智多。故以智治国，国之贼；不以智治国，国之福。知此两者，亦稽式。常知稽式，是谓“玄德”，“玄德”深矣，远矣，与物反矣，然后乃至大顺。

第六十六章（治国）

江海之所以能为百谷王者，以其善下之，故能为百谷王。是以圣人欲上民，必以言下之；欲先民，必以身后之。是以圣人处上而民不重，处前而民不害。是以天下乐推而不厌。以其不争，故天下莫能与之争。

第六十七章（修身）

（天下皆谓我：“道大，似不肖。”夫唯大，故似不肖。若肖，久矣其细也夫！）我有三宝，持而保之：一曰慈，二曰俭，三曰不敢为天下先。慈，故能勇；俭，故能广；不敢为天下先，故能成器长。今舍慈且勇，舍俭且广，舍后且先，死矣！夫慈，以战则胜，以守则固。天将救之，以慈卫之。

第六十八章（议兵）

善为士者，不武；善战者，不怒；善胜敌者，不与；善用人者，为之下。是谓不争之德，是谓用人之力，是谓配天，古之极也。

第六十九章（议兵）

用兵有言：“吾不敢为主，而为客；不敢进寸，而退尺。”是谓行无行，攘（rǎng）无臂，扔无敌，执无兵。祸莫大于轻敌，轻敌几丧吾宝。故抗兵相若，哀者胜矣。

第七十章（修身）

吾言甚易知，甚易行。天下莫能知，莫能行。言有宗，事有君。夫唯无知，是以不我知。知我者希，则我者贵。是以圣人被（pī）褐（hè）怀玉。

第七十一章（修身）

知不知，尚矣；不知知，病也。圣人不病，以其病病。夫唯病病，是以不病。

第七十二章（治国）

民不畏威，则大威至。无狎（xiá）其所居，无厌其所生。夫唯不厌，是以不厌。是以圣人自知不自见，自爱不自贵。故去彼取此。

第七十三章（治国）

勇于敢则杀，勇于不敢则活。此两者，或利或害。天之所恶，孰知其故？（是以圣人犹难之。）天之道，不争而善胜，不言而善应，不召而自来，繟（chǎn）然而善谋。天网恢恢，疏而不失。

第七十四章（砭时）

民不畏死，奈何以死惧之？若使民常畏死，而为奇者，吾得执而杀之，孰敢？常有司杀者杀。夫代司杀者杀，是谓代大匠斫（zhuó）。夫代大匠斫者，希有不伤其手矣。

第七十五章（砭时）

民之饥，以其上食税之多，是以饥。民之难治，以其上之有为，是以难治。民之轻死，以其上求生之厚，是以轻死。夫唯无以生为者，是贤于贵生。

第七十六章（修身）

人之生也柔弱，其死也坚强。草木之生也柔脆，其死也枯槁。故坚强者死之徒，柔弱者生之徒。是以兵强则灭，木强则折，强大处下，柔弱处上。

第七十七章（砭时）

天之道，其犹张弓与？高者抑之，下者举之；有余者损之，不足者补之。天之道，损有馀而补不足；人之道则不然，损不足以奉有余。孰能有余以奉天下？唯有道者。（是以圣人为而不恃，功成而不处。其不欲见贤。）

第七十八章（修身）

天下莫柔弱于水，而攻坚强者莫之能胜，以其无以易之。弱之胜强。柔之胜刚，天下莫不知，莫能行。是以圣人云："受国之垢，是谓社稷主；受国不祥，是为天下王。"正言若反。

第七十九章（治国）

和大怨，必有余怨，（报怨以德，）安可以为善？是以圣人执左契，而不责于人。有德司契，无德司彻。天道无亲，常与善人。

第八十章（治国）

小国寡民，使有什伯人之器而不用，使民重死而不远徙。虽有舟舆，无所乘之；虽有甲兵，无所陈之。使民复结绳而用之。甘其食，美其服，安其居，乐其俗。邻国相望，鸡犬之声相闻，民至老死，不相往来。

第八十一章（修身）

信言不美，美言不信。善者不辩，辩者不善。知者不博，博者不知。圣人不积，既以为人，己愈有；既以与人，己愈多。天之道，利而不害；圣人之道，为而不争。

（陈鼓应注译．老子今注今译．北京：商务印书馆，2003.）

第三编　君子的人生修养

知识目标

了解日常礼仪、诗词吟诵、书画琴茶等君子修养身心的方式。

能力目标

能喜欢并开始修习一项传统技艺。

素质目标

具有一定的审美能力，体现出一定的人文素养。

要点提示

2017 年 1 月，中宣部就《关于实施中华优秀传统文化传承发展工程的意见》答记者问时提出，积极宣传推介戏曲、民乐、书法、国画等，通过这些有力措施，让中华优秀传统文化内涵更多地融入生产生活的各方面，转化为不可或缺的日常组成部分，形成人人传承发展中华优秀传统文化的生动局面，在全社会形成参与守护、传播和弘扬优秀传统文化的良好环境。

本编以社会主义核心价值观为指导，深入挖掘中华优秀传统文化中的艺术元素，增强学生对中华文化的审美认知和对中华优秀传统文化的整体认同，培养学生以传统艺术传承发展中华优秀传统文化的自觉意识。

第一章　礼仪修习

我国自古就是礼仪之邦，很早就有“尚礼”的意识。所谓“礼也者，理也”（《礼记·仲尼燕居》），礼就是合于道德理性的规定，从周公制礼作乐开始，礼仪规范皆为道德而设，由此奠定了中国文化的底蕴。《春秋左传正义》说：“中国有礼仪之大，故称夏；有服章之美，谓之华。华夏一也。”礼仪文化是华夏文明的标志，绵延不息地传递着华夏民族的行为方式、风俗习惯和道德观念，构成我们民族文化认同的重要基础。

“礼”由两大要素组成，即外在形式和内在思想。古人设计各种礼仪形式，都寄寓着一定的深意，但人们往往容易被“礼”的外在形式所吸引，而忽略其中的内涵，甚至误以为那一套表面的“仪”就是“礼”的全部。“礼”的要义在于“诚”“敬”“和”三方面。首先，“礼”一定要以内心真诚的情感为基础，有感而发，后再辅之以各种礼节。所谓“著诚去伪，礼之经也”（《礼记·乐记》），发扬人们真诚的品德，除去那些虚伪的东西，这是“礼”的原则。其次，“礼”是用来表达敬意的，尊重他人是“礼”的核心精神。《孝经》说：“礼者，敬而已矣。”中国传统以“自谦”的方式来表达敬意，把自己放在谦卑的位置，去尊重对方，而且不仅晚辈对长辈如此，“虽负贩者，必有尊也”（《礼记·曲礼上》），强调弱势群体也应得到尊重。当然，礼也是要与时俱进的，无论时代如何变化，“礼之用，和为贵”（《论语·学而》），礼的主旨是促进个人身心的和谐、人际关系的和谐，最终达到全社会的和谐。总之，“礼”在日常实践中，要做到内外兼修、表里如一，才有助于我们道德品性的培养。

微课

持敬守礼

典型案例

案例 1　笑容也有标准吗？

川航空姐招聘面试中，是否会微笑成为面试成功的关键。在选拔中，有近 300 名应聘者因“微笑”不过关被直接淘汰。川航有关人士称，当空姐除了整体形象要好，最重要的是要有亲和力、会微笑。空乘服务有一条规定，要求空姐在服务过程中“笑露八颗牙”，据说这项规定是为了与国际接轨，因为国外空姐笑起来的时候都是露出八颗牙的。飞行学院空乘培训班有相应的培训科目，培训时这些准空姐们被要求把一根筷子用牙齿咬住，让八颗牙露出来，并调动面部肌肉保持微笑状态。这样的训练一直持续到能够不用筷子也能做到“笑露八颗牙”，如果做不到那就算挂科了。对于航空公司的这种规定，有学者指出，微笑时露出 8 颗牙齿并不符合国情。理由是，欧美人嘴大，微微一笑，8 颗牙就“脱颖而出”，而我国人嘴小，露出 8 颗牙就不那么容易了。硬要露出 8 颗来，效果未必就好。而且，我国的审美观与国外也有很大不同，国人讲究“笑不露齿”，在笑的时候硬露出 8 颗牙来，似有画蛇添足之嫌，观者未必舒服。

仕女图册（明·佚名）

案例 2　非常时期的好办法

近日，在浙江省衢州衢江区，老师们正忙着教学生行作揖礼，这是学校复课后新开设的一门课。目前，衢江已有 117 所学校幼儿园推广行作揖礼，这样师生同事之间见面就可以避免握手接触了。

由于新型冠状病毒肆虐，世界各地的人在打招呼这件事儿上有点为难。大家见面，礼节要到，却无法握手，有点手足无措。因此，衢州在学生中推广的作揖礼更可取。

微课

古人拜揖之礼

作揖礼作为中华传统礼节，在中国已经有 2 000 多年的历史。两手抱掌前推，身子略弯，表示向人敬礼。实际上，人们对握手礼的质疑几乎从来没有停止过，反对的理由则主要聚焦在卫生方面。

携客访友图（传）（局部）（宋·刘松年）

阅后思考

1. 在如今的职场礼仪中，以“以仪为礼”的现象十分普遍，请思考西方标准化的礼仪与中国传统礼仪的差异在哪？

2. 你认为中国传统的礼仪有哪些仍适合在今天的日常生活中推广应用？

经典文本

◎ 道德仁义，非礼不成；教训正俗，非礼不备；分争辨讼，非礼不决；君臣上下，父子兄弟，非礼不定；宦学事师，非礼不亲；班朝治军，莅官行法，非礼威严不行；祷祠祭祀，供给鬼神，非礼不诚不庄。是以君子恭敬、撙（zǔn）节、退让以明礼。鹦鹉能言，不离飞鸟；猩猩能言，不离禽兽。今人而无礼，虽能言，不亦禽兽之心乎？夫唯禽兽无礼，故父子聚麀（yōu）。是故圣人作，为礼以教人，使人以有礼，知自别于禽兽。

——《礼记·曲礼上》

【参考译文】道德仁义，若没有礼就不能实行完成；教育训导，端正民俗，若没有礼就不能完备；分辨争讼，若没有礼就不能决定是非；君主臣仆，上级下级，父子兄弟，若没有礼就不能定其贵贱、尊卑、长幼、亲疏的种种关系；为学习做官、学习道艺而侍奉师长，若没有礼就彼此不亲密；排班立朝、治理军队、做官在位、执行法令、若没有礼威严就不能展现；特殊的祈祷，例行的祭祀，供奉鬼神的活动，若没有礼就显得不够诚挚，不够庄严。所以有德有位的君子一定要态度恭敬，自我节制，谦逊退让，来彰明礼教。鹦鹉能够说话，终究不过是一种飞鸟；猩猩能够说话，终究不过是一种禽兽。现在人们如果没有礼，即使能够说话，不还是禽兽的心性吗？只因为禽兽没有礼，所以父子与同一雌兽交配。因此圣人兴起，制定礼法来教导人，使人从此而有礼，知道把自己和禽兽区别开来。

◎ 乐由中出，礼自外作。乐由中出，故静；礼自外作，故文。大乐必易，大礼必简。乐至则无怨，礼至则不争。揖让而治天下者，礼乐之谓也。

——《礼记·乐记》

【参考译文】乐是从人的内心产生的，礼是从人的外表反映的。乐从内心产生，所以就平静；礼在外表兴作，所以就显现文采。隆重的音乐必定平易，盛大的礼仪必定简约。乐教施行了，就彼此无怨；礼教施行了，就彼此不争。靠着谦让就能治理天下的，说的就是礼乐了。

◎ 大上贵德，其次务施报。礼尚往来，往而不来，非礼也；来而不往，亦非礼也。人有礼则安，无礼则危，故曰，礼者不可不学也。夫礼者，自卑而尊人，虽负贩者，必有尊也，而况富贵乎？富贵而知好礼，则不骄不淫；贫贱而知好礼，则志不慑。

——《礼记·曲礼上》

【参考译文】上古时以德为贵，后世才致力于施恩和回报。礼，崇尚有来有往。去往对方施惠，对方不来回报，是失礼的；人家前来施惠，而受惠者不知回报，也是失礼的。人有礼，人际关系就会安定平和，无礼就会危险。所以说，礼是不可不学的。礼，要求自己谦卑而尊重别人。即使是小商小贩，也是有尊严的，更何况富贵的人呢？富贵的人知道爱好礼，就能不骄奢淫逸；贫贱的人知道爱好礼，心志就能不卑怯。

◎ 颜渊问仁。子曰："克己复礼为仁。一日克己复礼，天下归仁焉。为仁由己，而由人乎哉？"颜渊曰："请问其目。"子曰："非礼勿视，非礼勿听，非礼勿言，非礼勿动。"颜渊曰："回虽不敏，请事斯语矣。"

——《论语·颜渊第十二》

【参考译文】颜渊问仁德。孔子道："抑制自己，使言语行动都合于礼，就是仁。一旦这样做到了，天下的人都会称许你是仁人。实践仁德，全凭自己，还凭别人吗?”颜渊道:“请问行动的纲领。”孔子道:“不合礼的事不看,不合礼的话不听,不合礼的话不说,不合礼的事不做。”颜渊道:“我虽然迟钝,也要实行您这话。”

孔子弟子像(传)(局部)(唐·阎立本)

◎ 君子之容舒迟,见所尊者齐遬(sù)。足容重,手容恭,目容端,口容止,声容静,头容直,气容肃,立容德,色容庄,坐如尸。

——《礼记·玉藻》

【参考译文】君子的容貌要从容娴雅,遇见所尊重的人,就特别谦恭拘谨。君子足的仪态要稳重,不要懈怠;手的仪态要恭慎,不要妄加比画;目光的仪态要端正,不要斜视;嘴角的仪态要静止,不要乱动;语调的仪态要平静,不要随便咳嗽发怪声;头的仪态要直向前方,不要歪脖子回顾;气度的仪态要严肃,不要轻浮;站立的仪态要身形微俯,如恭候对方授物的样子;面色的仪态要庄重,不要松懈轻佻;坐的姿态要如同象征受祭神灵的尸那样敬慎庄严。

微课 古人坐立之礼

微课 古人行走之礼

经典故事

1. 孔鲤退而学礼

陈亢问于伯鱼曰:“子亦有异闻乎?”对曰:“未也。尝独立,鲤趋而过庭。曰:

‘学诗乎？’对曰：‘未也。’‘不学诗，无以言。’鲤退而学诗。他日，又独立，鲤趋而过庭。曰：‘学礼乎？’对曰：未也。’‘不学礼，无以立。’鲤退而学礼。闻斯二者。”陈亢退而喜曰：“问一得三。闻诗，闻礼，又闻君子之远其子也。”

——《论语·季氏第十六》

故事大意：陈亢问伯鱼说：“你在老师那里也得到与众不同的传授吗？”伯鱼回答说：“没有呀！有一次，我父亲独立在庭中，我恭敬地走过，被父亲叫住。我父亲问我：‘你学过诗吗？’我回答：‘没有。’父亲说：‘不学诗，就连如何讲话都不知道。’我过后便好好学诗。过了几天，我父亲又独立在庭中，我又在走过时又被父亲叫住询问：‘你学过礼吗？’我对道：‘没有。’我父亲说：‘不学礼，便不懂如何立身。’于是我便好好地学礼。我私下只听到这两番教训。”陈亢回去非常高兴地说：“我这次问了伯鱼一件事，却了解了三件事。其一是该学诗，其二是该学礼，其三便是君子对自己儿子的态度。”

2. 子路结缨而死

子路性鄙，好勇力，志伉直，冠雄鸡，佩豭豚，陵暴孔子。孔子设礼稍诱子路。子路后儒服委质，因门人请为弟子……子路为卫大夫孔悝之邑宰。蒯聩乃与孔悝作乱，谋入孔悝家，遂与其徒袭攻出公。出公奔鲁，而蒯聩入立，是为庄公。方孔悝作乱，子路在外，闻之而驰往。遇子羔出卫城门，谓子路曰：“出公去矣，而门已闭，子可还矣，毋空受其祸。”子路曰：“食其食者不避其难。”子羔卒去。有使者入城，城门开，子路随而入。造蒯聩，蒯聩与孔悝登台。子路曰：“君焉用孔悝？请得而杀之。”蒯聩弗听。於是子路欲燔台，蒯聩惧，乃下石乞、壶黡攻子路，击断子路之缨。子路曰：“君子死而冠不免。”遂结缨而死。

——司马迁《史记·仲尼弟子列传》

故事大意：子路是孔子弟子之一，他本是卞地的野人，性格粗鄙，喜欢“冠雄鸡，佩豭豚”，以此来标明自己的勇武。在卫国的内乱中，子路英勇赴难，遭到围攻，冠缨都被击断了。在生死时刻，子路说：“君子可以死，但帽子不能掉下来。”于是，他郑重系好帽带，遂被敌人杀死。按照礼仪规定，成年男子必戴冠，只有居丧或谢罪时，才免冠。子路这样庄严而死，正是对礼仪的持守遵循，是用生命来证成礼仪。子路能够从一个野人变化气质成为君子，也是得益于孔子设礼引导的结果。

孔子弟子像（传）（局部）（唐·阎立本）

拓展阅读

常礼举要

李炳南

缘　起

礼节这件事，在人群中，是决不能少的；就是极野蛮的民族，亦有他们的一套礼节。人与人交流感情，事与事维持秩序，国与国保持常态，皆是礼节从中周旋的力量。

自从一般人不察实际，好奇务怪，起来反对礼教，硬说礼教是吃人的猛兽，主张把他打倒以后，大家就对礼节，存了轻视的心理，自己不去做，也不肯再去教导子弟。这个问题，并不简单，绝不是中国人单独的问题。行得通，行不通，却也不敢断定了！但是现在还是行不通。

请看今天客来了，明天访客去，这里来馈赠，那里请聚餐，东街庆吊，西街开会。仔细一考查，还是把那些礼节，一套跟着一套的排演。有人说这些事没有学过，谁能晓得。

哪怕你不晓得，你只管不去做，过后请去听吧！七言八语，讪笑讥诮，丝毫不客气的，都发表出来了。什么某人岂有此理，未曾受过教育、没有常识、粗卑不堪、不近人情、没见过场面、真讨厌、极可笑、远着他、少来往，一连串的这些名词，就都给你加在头上。你的前途，一切一切，也怕因此受到影响！

再看那些反对礼教的人，见了比他地位高的人，他也是脱帽鞠躬；见了外国人，也是去拉手；不经通报，你直跑进他的房里去，他也是不高兴；他送你东西，你不说谢谢，他也是不痛快。这真矛盾，为什么他嘴里反对礼教，他还去拘泥这些形迹呢？可见他们是空倡怪论，自己也不能实行，专去欺骗他人，尤其是欺骗天真烂漫的青年人。深刻一点说，简直是损害青年人的社会事业发展！

我是在社会里碰过壁的人，也是吃过无限亏的人。知道没有礼节，万事行不通。我深恐青年同胞，不懂礼节，也免不了到处碰壁吃亏，特意检出通常用的几条来，贡献给大家，做个参考。要知礼节是不妨人的美德，是恭敬人的善行，也是自己一种光荣的徽章，是必要通达的！

（一）居家

1. 为人子不晏（晚）起，衣被自己整理，晨昏必定省。
2. 为人子坐不中席，行不中道。
3. 为人子出必告，返必面。
4. 长者与物，须两手奉接。
5. 徐行后长，不疾行先长。
6. 长者立不可坐，长者来必起立。
7. 不在长者座前蹀来蹀去。
8. 立不中门，过门不践门限。
9. 立不一足跛，坐勿展脚如箕，睡眠不仰不伏，右卧如弓。
10. 同桌吃饭不另备美食独啖。
11. 不挑剔食之美恶。
12. 食时不叹，不训斥子弟。

（二）在校

1. 升降国旗及唱国歌、校歌时，肃立示敬。
2. 师长上下课时，起立致敬。
3. 向师长质疑问难，必起立。
4. 路遇师长，肃立道旁致敬。
5. 听讲时，应端坐或直立；不支颐交股，弯腰，翘足。
6. 考试时，不交头接耳，或左顾右盼。

7. 安其学而亲其师，乐其友而信其道。

（三）处世

1. 不道人之短，不说己之长。
2. 家庭之事，不可向外人言。
3. 口为祸福之门，话要经一番考虑再说。
4. 见失意人，不说得意语；见老年人，不说衰丧话。
5. 交浅不可言深，绝交不出恶声。
6. 不侮辱人，不向人开玩笑。
7. 与残疾人会面，须格外恭敬。
8. 于肩挑小贩苦力，莫讨便宜。
9. 善人自当亲近，须要久敬；恶人自当敬而远之。
10. 遇事要镇静，做不到的事，莫妄逞能。
11. 瓜田不纳履，李下不整冠。
12. 凡事要合理智，不可偏重感情。
13. 己所不欲，勿施于人。
14. 凡求教他人的事，必须恭敬下问。

（四）聚餐

1. 座有次序，上座必让长者。
2. 入座后不横肱，不伸足。
3. 主先举杯敬客，客致谢辞。
4. 主人亲自烹调，须向主人礼谢后用餐。
5. 主人敬酒毕，正客须回敬主人。
6. 举箸匙，必请大家同举。
7. 用箸夹菜，只取向己之一方者，不立起向他角器中取菜。
8. 箸匙不向碗盘顶心取菜取汤。
9. 公食之器，不用己箸翻搅。
10. 匙有余沥必倾尽，方再入公食器中。
11. 自己碗中之肴菜，不可反回公器中。
12. 箸匙所取肴菜，不倍于他人。
13. 食勿响舌，咽勿鸣喉。
14. 公食以不言为原则，须言亦应避免唾沫入公器中。

15. 咳嗽必转身向后。

16. 勿叱狗，不投骨于狗。

春夜宴桃李园图（局部）（清·吕焕成）

17. 碗中不留饭粒。

18. 不对人剔牙齿。

19. 客食未毕，主人不先起。

20. 起席，主逊言慢待，客称谢。

21. 宴毕，主人进巾进茶。

（五）出门

1. 衣冠不求华美，惟须整洁。

2. 见长者，必趋致敬。

3. 登高不呼，不指，不招呼。

4. 路上不吸烟，不嚼食物，不歌唱。

5. 乘车见长者必下，见幼者亦须与之颔首为礼。

6. 夜必归家，因事不能归时，必先告家人。

7. 车马繁杂冲区，不招呼敬礼。

8. 不立在路上久谈。

9. 不走马路中间，越路须先向左右看清，不可与汽车争路。

10. 行走时，步履宜稳重，目向前视。

11. 遇妇女老弱，应尽先让路让座。

12. 途次有人问路，须详为指示；问路于人，须随即称谢。

13. 一人不入古庙，两人不看深井。

14. 逢桥先下马，过渡莫争船。

15. 在舟车上或飞机上，不探首或伸手出窗，并不得随便涕痰。

（六）访人

1. 先立外轻轻扣门，主人让入方入。

2. 入内有他客，主人为介绍，须一一为礼，辞出时亦如之。

3. 入内见有他客，不可久坐；有事，须请主人另至他所述说。

4. 坐谈时见有他客来，即辞出。

5. 坐立必正，不倾听，不哗笑。

6. 不携一切动物上堂。

7. 主人室内之信件文书，概不取看。

8. 谈话应答必顾望。

9. 将上堂，声必扬。

10. 户开亦开，户阖亦阖；有后入者，阖而勿遂。

11. 主人欠伸，或看钟表，即须辞出。

12. 饭及眠时不访客。

13. 晋谒长官尊长，应先鞠躬敬礼，然后就座；及退，亦然。

14. 与长官尊长，及妇女行握手礼时，应俟其先行伸手，然后敬谨与握。

15. 访公教人员，必先问明其上班钟点，不可久坐闲谈。

16. 访客不遇，或留片，或写字登留言牌。

踏雪访友图（局部）（明·孙枝）

（七）会客

1. 见先致敬，熟客道寒暄，生客请姓字住址。

2. 及门先趋，为客启阖。

3. 每门必让客先行。

4. 入门必为客安座。

5. 室内有他客，应与介绍，先幼于长，先卑后尊，先近后远。

6. 敬茶果先长后幼，先生后熟。

7. 主人必下座，举杯让茶。

8. 客去必送致敬，远方客必送至村外或路口。

9. 远方客专来，须备饮食寝室，导厕所，导沐浴。10. 远方客去，必送至驿站，望车开远，始返。

（八）旅行

1. 将远行，必辞亲友，祭祖辞亲。

2. 远到目的地，必先拜访有关人士。

3. 归来必谒亲友，或略送土物。

4. 远行之亲友辞行，必往送行，事前或赠物，或宴饯。

5. 远方客来拜访，须往答拜，或设宴接风。

6. 旅人归来拜，须诣回拜，或设宴洗尘。

7. 受人之送行及饯别，达到所在地，须一一函谢。

8. 人之接风或洗尘毕，须还席。

9. 入境问禁，入国问俗，入门问讳。

10. 入国不驰，入村里必下车马。

（九）对众

1. 他人正谈话，不在中间插言。

2. 两人对谈，不向中间穿走。

3. 不高声喧哗扰乱他人视听。

4. 不横坐，不横腿，不扪脚。

5. 不隔席谈话。

6. 坐不掀椅凳。

7. 衣帽不加于他人衣帽之上。

8. 不向人喷水、吐痰。

9. 不向人呵欠、舒伸、嚏喷。

（十）馈赠

1. 礼尚往来，来而不往，往而不来，皆非礼也。

2. 赐人不曰来取，与人不问所欲。

3. 赠人物品，必谦必敬。

4. 赠人物品，外必用包裹，婚丧庆寿例外。

5. 平素赠物，座有他客，须避观听，远来及初晤，可不避。

6. 受赠先略谦辞后受，称谢，逾日须往拜。

7. 长者赐，不敢辞。

（十一）庆吊

1. 参加吉礼，不谈衰丧话，不戚容，不啼泣。

2. 居丧不参加吉礼，只送仪物。

3. 丧服不入公门，不观吉礼。

4. 贺婚在众宾前，辞不谐谑。

5. 临丧不笑。

6. 里有殡，不巷歌。

7. 饭于丧家，酒不赭颜。

8. 佩会葬徽章者，礼终即卸去，不佩带他往。

（十二）称呼

1. 初见面之人问姓，曰贵姓，问名，曰台甫。自说姓曰敝姓某，说名曰草字某某。

2. 有亲戚世交者，应各以其名分彼此相称。普通称人曰先生或某兄，自称曰弟。老者长者，称曰老先生，自称曰后学，或称自名。

3. 称人之父曰令尊，母曰令堂。向人称自父母，曰家严，曰家慈。见朋友之父，称老伯，母称伯母，自称晚或侄。

4. 称人之祖，曰令祖公，祖母曰令祖太夫人。向人称自祖曰家祖。祖母曰家祖母。见人之祖父祖母，称太老伯，太伯母。自称己名即可。

5. 称人之兄弟，曰令兄，曰令弟。向人称自兄弟，曰家兄舍弟。称人之姊妹，曰令姊令妹。向人称自姊妹，曰家姊舍妹。见人之兄弟，称几先生，或几兄，自称小弟。见人之姊妹，统称几姐，称自曰小弟。（书款则称侍）

6. 称人之妻，曰令正或尊夫人，向人称自妻，曰拙荆或贱内。见人之妻称嫂，自称己名。(女子可自称妹)

7. 女子称人之夫，曰尊府某先生，向人称自夫，曰外子。见人之夫称某先生，自以避免称呼为佳，如必要时，只称本人即可。

8. 称人之子，曰令郎或公子，称人女曰令爱，或女公子。向人称自子，曰小儿，女曰小女。见人子称世兄，自称弟，称女曰世姐，自不称。

9. 称人之孙及孙女，曰令孙曰令女孙。向人称自孙，及女孙，曰小孙，曰小女孙。见人之孙及女孙，称几公子几小姐。

10. 称人或称自之已故上辈，统加一先字。如称人之故父母，曰令先尊令太夫人；称自之故父母，曰先严先慈之类。称人已故下辈不必另加字，只云“以前某兄”即可；称自故下辈，但加一亡字，或云“以前某某”亦可。

11. 称人之姑丈姑母，曰令姑丈令姑母。向人称自姑丈姑母，曰家姑丈姑母。见人之姑丈姑母，称老先生老太太；交厚者，可称老伯及老伯母。

12. 称人之舅父舅母，曰令母舅令舅母。向人称自舅父舅母，曰家母舅家舅母。见人之舅父舅母，称谓仿前。

13. 称人之岳父岳母，曰令岳令岳母。向人称岳父母，曰家岳家岳母。见人之岳父母，称谓仿前。

14. 称人之内侄，曰令内侄。称人之甥，曰令甥。称人之婿，曰令婿。向人称自内侄、甥、婿，曰敝内侄，曰舍甥，曰小婿。

15. 称人之亲友，曰令亲曰贵友。向人称自亲友，曰舍亲敝友。

16. 称人之师，曰令师，生曰令高足。向人称自师，曰敝业师。称自生曰敝徒。自称师，曰夫子或吾师。称自曰受业，或曰门生。

17. 称人之长官，曰贵某长（院部厅局等）。称人之属员，曰贵部下或贵属。向人称自长官，曰敝某长，称自属员，曰敝同事或敝属，称其某姓某职亦可。

18. 称人之主人，曰贵上，称人之仆，曰尊纪。向人称自主人，曰敝上；称自仆，曰小价。

（附说）

1. 称呼一事，本甚繁杂，各地习惯，直接见面之称，尤多不同，故难备载。本编仅录其对外交际通常用者。

2. 亲戚之间，称呼甚为微细，每有错一字而贻笑者。兹编本为举要，专为常用，故不详载。

（资料来源：李炳南．常礼举要讲记．北京：团结出版社，2013.）

行为训练

1. 生活中，有哪些行为是违背孔子所说的“非礼勿视，非礼勿听，非礼勿言，非礼勿动”的原则？我们自身有没有类似的“非礼”行为？今后应怎样改进？

2. 请与室友一起商议，定制一份本宿舍专属的《寝室文明公约》，并把约定真正落实到今后的集体生活中。

3. 在你的朋友圈以“日行一礼”为主题记录自己每日做到的礼仪行为和心得体会，坚持一周以上。

第二章　诗词吟诵

“熟读唐诗三百首，不会作诗也会吟”。这里的吟，即吟诵，是一种口口相传的传统读书法。由于古人在创作时，往往先有吟哦之声，再诉诸文字，而潜藏于文字内的细腻感情以及弦外之音，就在吟诵中“玩味”得到。因此，用吟诵的方式读书才能最大限度地接近古人创作时的状态，与作者之心虽越千年而恍如对晤。

吟诵虽无谱可依，却有迹可循。徐健顺总结为“依字行腔、依义行调、入短韵长、平长仄短、平低仄高、模进对称、虚实重长、文读语音、腔音唱法”九种方法，可作为今人学习吟诵的基本法则。在具体实践中，我们既可学习、传承先人保存下来的传统吟诵调，也可以根据作品风格、个人情感等因素，按照吟诵的一般规则创造出符合自己读书方式的吟诵调。无论用什么调子来吟诵，目的都是在浅唱低吟中熏陶传统诗艺的风雅精神，去寻找通往中华传统文化宝库的大门。

微课

粤语吟诵欣赏：春夜宴桃李园序（李白）

微课

平水韵

典型案例

案例1　王之涣《登鹳雀楼》吟诵赏析

丨·	丨·	-	—	丨	-	-	丨·	丨	—
白	日	依	山	尽	黄	河	入	海	流
丨·	-	-	丨	丨·	丨	丨	丨·	-	—
欲	穷	千	里	目	更	上	一	层	楼

微课

平仄

这首诗的读法，已用吟诵符号作了标记，“｜”代表仄声，“—”代表平声（长短表示拖长的程度），“.”表示入声。“白日依山尽”一句，“白日”都是入声字要读短，“依山”两字都是平声，“山”要稍加拖长，“尽”是去声要读短，这样通过声音就能感受到白日的惊叹感、山的连绵感，以及落日的绝决感。“黄河入海流”一句，“黄河”读低，“河”拖长，自然会感觉到黄河在地面上，而且很大很长。“入”又高又短，表示黄河迅速流到海里去，去得太快了。于是，诗人想登上高楼追寻落日，可是再上一层楼又能如何？我的视野仍被远山阻隔，象征青春时光的“白日”终究要转瞬即逝！注意最后一字“楼”要拖长读，才切合诗人对光阴快速流逝的伤感。因此“更上一层楼”应是低沉、凝重的情绪，表达的是作者的人生苦短之叹，却常被误解为励志的意思。结合诗人当时沉郁下僚、志不获伸的遭遇，这首诗的主题就值得重新讨论了。

微课

四声

树下读书图（局部）（明·吴伟）

案例 2　辛弃疾《破阵子》诵读赏析

| | - - | |　| - - |. - —　|. |. | - - | |.

醉里挑灯看剑　梦回吹角连营　八百里分麾下炙

| |. - - | | —　- - - | —

五十弦翻塞外声　沙场秋点兵

| | |. — - |　- - |. |. - —　| |. - - - | |

马作的卢飞快　弓如霹雳弦惊　了却君王天下事

| |. - — - | -　| — |. |. —

赢得生前身后名　可怜白发生

这首词第一句，“灯”是长音，“醉里”读得高，强调醉后情绪高亢的状态。“挑灯——看剑!”“剑”又读得高，很坚决的去声。挑灯芯是一个很细致的动作，得拿着灯挑半天，因此“挑灯——”，是长音。而“看剑”就是把剑从鞘里拔出来，咔一下，要读高短音。声音把动作表现得栩栩如生。第二句，“回”是长音，“营”是长音，也是韵字。“角”是入声字。所以这句读为“梦回——吹角！连营——”。“梦回”要读长音，慢慢由现实过渡到梦境回忆从前，所以要读长。“角”要读得特别短促，因为角声是警报，一下惊醒了，所以是个短音。再一听角声是什么样的？很长很长，在整个军营中回荡。所以“连营”也要读长。第三句，“分”，只有这个字是长音，“八”“百”两字都是入声字，强调这头牛多有名多好。“分——”，得分半天。“麾下炙!”连续两个去声，就这么坚决。第四句，“翻”和“声”是长音。“十”是入声字。五十弦是瑟，瑟的体积较宽大，弹起来是“翻——”。这个长音，说明弹瑟的人上下翻飞弹了很久，弹的音乐正是模拟的“塞外声”，即马上杀伐之声。“塞外”两个去声，符合紧张的战斗状态，“声——”拖长，有余音绕梁的效果。第五句，“沙场——”这个长音，表示沙场很大，“兵”也是拖长，表示兵很多。下阕第一句，“作”和“的”都是入声字，“卢”是长音，“的卢”是宝马，跑起来迅疾如风，这句前三个字又是短音，恰好表示马跑的速度之快，“马作！的！卢——”，“卢”字用长音，表示马蹄声连成一串，所以是“飞快”！第二句，“如”和“惊”是长音。“霹雳”二字都是入声字。“弓如——”读长，形容拉弓的动作，拉起来不容易。弓拉开之后一松手，“霹雳!”两个入声字，是弓的声音如爆破一样。“弦惊——”，弦一直在振动。这一句是个拉弓放箭的动作，真是声音如神。第三句，“王”“前”是长音，“却”“得”是入声字。“了却！君王——天下事!”这件事很坚决，一定要做。然后“赢得！生前——身后名——”，这件事情，是无限的感慨。最后一句，“可怜——”读长，是无可奈何的叹息。“白发”都是入声字，“白！发!”读起来顿挫感强，“生——”拖长读，有延展之感，形容白发生了好多。

这首词，奇句字尾都是去声字，坚决明确；偶句尾字都是平声韵，庚韵，大开口的鼻音韵，音色雄壮，适合表达感慨苍凉的情调。

资料来源：徐健顺．吟诵概论，桂林：广西师范大学出版社，2019.

阅后思考

1. 听一听这两首作品的吟诵，结合以上吟诵读法的介绍，说说吟诵和朗诵有什么不同？

2. 结合王之涣的生平经历，以及“更上一层楼”一句的吟诵读法，谈谈你对《登鹳雀楼》主题的理解。

3. 请把以上两首作品的入声字找出来，分析入声字的特点，并思考你的母语方言中是否保留了入声字？

经典文本

◎ 诗者，志之所之也。在心为志，发言为诗。情动于中而形于言，言之不足故嗟叹之，嗟叹之不足故永歌之，永歌之不足，不知手之舞之足之蹈之也。情发于声，声成文谓之音。治世之音安以乐，其政和；乱世之音怨以怒，其政乖；亡国之音哀以思，其民困。故正得失，动天地，感鬼神，莫近于诗。先王以是经夫妇，成孝敬，厚人伦，美教化，移风俗。

——《毛诗大序》

豳风七月图（传）（局部）（南宋·马和之）

【参考译文】诗歌用来表达思想、抒发感情的。萌动于心中为志，抒发出来为诗。心中情感激荡，必然会表达为语言，语言不足以表达的，就发出感叹，如感叹不足以表达，就会长声歌咏，长声歌咏不足以表达，就会情不自禁地手舞足蹈来表现。用声音抒发感情，声音就成为宫、商等乐调，就被称为音乐。太平社会的音乐祥和快乐，政事顺洽；动乱社会的音乐怨恨愤怒，其时的政事乖乱；亡国的音乐悲哀幽思，百姓困厄。所以匡正人间得失，感动天地鬼神，没有什么比诗歌更有效。先世贤王用诗歌规范夫妇原则，形成孝敬父母、敬重长者的风气，加深人伦道德修养，使教化风俗向美好的方向转变。

◎ 故诗有六义焉：一曰风，二曰赋，三曰比，四曰兴，五曰雅，六曰颂。上以风化下，下以风刺上。主文而谲谏，言之者无罪，闻之者足以戒，故曰风。至于王道衰，礼义废，政教失，国异政，家殊俗，而变风、变雅作矣。国史明乎得失之迹，伤人伦之废，哀刑政之苛，吟咏情性，以风其上，达于事变而怀其旧俗者也。故变风发乎情，止乎礼义。发乎情，民之性也；止乎礼义，先王之泽也。是以一国之事，系一人之本，谓之风；言天下之事，形四方之风，谓之雅。雅者，正也，言王政之所由废兴也。政有小大，故有小雅焉，有大雅焉。颂者，美盛德之形容，以其成功告于神明者也。是谓四始，诗之至也。

——《毛诗大序》

【参考译文】因此，《诗经》有六个纲义：一叫“风”，二叫“赋”，三叫“比”，四叫“兴”，五叫“雅”，六叫“颂”。贵族以诗歌教化百姓，百姓以诗歌讽喻贵族，（风）主张文雅而委婉的劝诫，说话的人不会因之得罪，听到的人可以以此为戒，这就是“风”。到了周朝王道衰颓，礼义荒废而政教失度，诸侯各国自行其政，各家风俗殊异的时代，于是“变风”“变雅”的诗就产生出来了。王室的史官明晓当时政治的得失，悲伤人伦道德的沦丧，哀叹刑法政治的严苛，于是吟咏抒发情感，以此来讽谏君主，使人了解当时社会的变乱，怀念太平盛世的风俗。所以“变风”是发之于真实的情感，而又不超越礼义的规范。抒发真情实感，是人的本性，而不超越礼的规范，是先王教化的恩泽还在起作用。因此，如果诗是吟咏一个诸侯国的事，只是表现作者一个人的心意的，就叫“风”；如果诗是记载天下之事，表现四方风俗的，就叫“雅”。“雅”就是正的意思，说的是王政之所以兴废的原因。政事有小有大，所以有“小雅”“大雅”之分。“颂”就是赞美盛德的表现，将成功之事告诉祖宗神灵，这个就是“四始”，诗的至理都在其中了。

微课

粤语吟诵欣赏：
蒹葭（诗经）

◎ 颂其诗，读其书，不知其人，可乎？是以论其世也。是尚友也。

——《孟子·万章下》

【参考译文】吟诵古人的诗歌，研究古人的著作，却不了解古人的为人，行吗？所以要研究他们所处的时代，这样做，就是和品德高尚的人交朋友。

微课

粤语吟诵欣赏：
登高（杜甫）

◎ 夫诗有别材，非关书也；诗有别趣，非关理也。然非多读书、多穷理，则不能极其至，所谓不涉理路、不落言筌者，上也。诗者，吟咏情性也。盛唐诸人惟在兴趣，羚羊挂角，无迹可

微课

粤语吟诵欣赏：
相见欢（李煜）

求。故其妙处透彻玲珑，不可凑泊，如空中之音，相中之色，水中之月，镜中之象，言有尽而意无穷。

——严羽《沧浪诗话·诗辨》

【参考译文】写诗需要别样的才能，与学问的多少无关；写诗需要别样的意趣，与抽象的说理无关。然而不多读书，多研究事理，则不能达到诗的极致。所谓不涉及理路，不拘泥语言文字，乃是诗的最高境界。诗歌，是吟咏情性的。盛唐各大诗人妙处在于兴象与韵趣，如羚羊把角挂于树上，没有痕迹可寻。因此它的妙处在于风格上的透彻玲珑，不可生硬地结合在一起，如同空中的声音，物象之表色，水中之月亮，镜中之物象，文字有尽而意味无穷。

◎ 词以境界为最上。有境界则自成高格，自有名句。五代、北宋之词所以独绝者在此……有有我之境，有无我之境。“泪眼问花花不语，乱红飞过秋千去”“可堪孤馆闭春寒，杜鹃声里斜阳暮”，有我之境也。“采菊东篱下，悠然见南山”“寒波澹澹起，白鸟悠悠下”，无我之境也。有我之境，以我观物，故物皆著我之色彩。无我之境，以物观物，故不知何者为我，何者为物。古人为词，写有我之境者为多，然未始不能写无我之境，此在豪杰之士能自树立耳。境非独谓景物也。喜怒哀乐，亦人心中之一境界。故能写真景物、真感情者，谓之有境界。否则谓之无境界。

——王国维《人间词话》

【参考译文】词以有无境界为标准判断高下优劣，有境界的词才是高尚的词。因为有了境界就自然形成崇高的格调，自然有名句。五代、北宋时期的词之所以能够独擅胜场，原因就在这里……有“有多之境”和“无我之境”两种不同的境界。“泪眼问花花不语，乱红飞过秋千去”“可堪孤馆闭春寒，杜鹃声里斜阳暮”，这就是“有我之境”。“采菊东篱下，悠然见南山”“寒波澹澹起，白鸟悠悠下”，这就是“无我之境”。“有我之境”，就是用“我”的内在意识去观察外界物境，所以外界物境都染上了“我”的主观色彩。“无我之境”，就是用“物”化了的“我”去观察外界物境，所以分不清哪个是主观的“我”，哪个是客观的“物”。古代人写词，写“有我之境”的比较多，但是这并不意味着不能写“无我之境”，对于这个问题，有才华的作家是能够自己有所建树的。所谓境界，并非只是说景物的境。喜、怒、哀、乐，同样也是人心中的一种境界。所以，凡是能够写出真景物、真感情，就是有境界，不然的话就是无境界。

采菊图（明·唐寅）

经典故事

1. 洛下书生咏

桓公伏甲设馔，广延朝士，因此欲诛谢安、王坦之。王甚遽，问谢曰：“当作何计?”谢神意不变，谓文度曰：“晋阼存亡，在此一行。”相与俱前。王之恐状，转见于色。谢之宽容，愈表于貌。望阶趋席，方作洛生咏，讽“浩浩洪流”。桓惮其旷远，乃趣解兵。

——刘义庆《世说新语·雅量》

故事大意：东晋时，权臣桓温企图篡晋自立，他预先埋伏好刀斧手，设酒宴款待王坦之和谢安，想趁这个机会杀害他俩。因为王、谢都是站在维护皇室的立场上，用各种方法阻止桓温夺权。接到“鸿门宴”的邀请，王坦之非常惊慌，就问谢安：“应采取什么对策?”谢安则神态自如地说：“晋朝政权的生死存亡，关键就在我们这次的行动了。”于是，两人一同赴宴。一路上，王坦之非常恐慌的情状，而谢安则从容不迫。从台阶上进入席位时，谢安用洛阳书生的腔调，吟诵起“浩浩洪流”的诗句。这首诗是嵇康的一首四言诗，其主旨是表达兄弟情谊的，这时吟诵，十分委婉地表达了谢安对桓温的一种感念之情，同时也暗示桓温：如果你像司马昭杀害嵇康那样把我杀害，虽然你可以得意一时，但公道自在人心，我也将会像嵇康那样流芳后世。桓温忌惧谢安那明远旷达的风度，就赶快把埋伏着的杀手撤走了。相传谢安的吟诵很特别，被称为“洛生咏”，特别之处在于他会说家乡方言，口音与江南方言不同，谢安祖籍陈郡阳夏（今河南周口太康县），因离洛阳不远，故从小耳濡目染，此乃其一。其二，谢安鼻音很重，所以其吟咏的语音重浊，并且当他犯鼻疾时还会用手捏一下鼻子，这样一个小动作，也被当时的名流争相仿效。

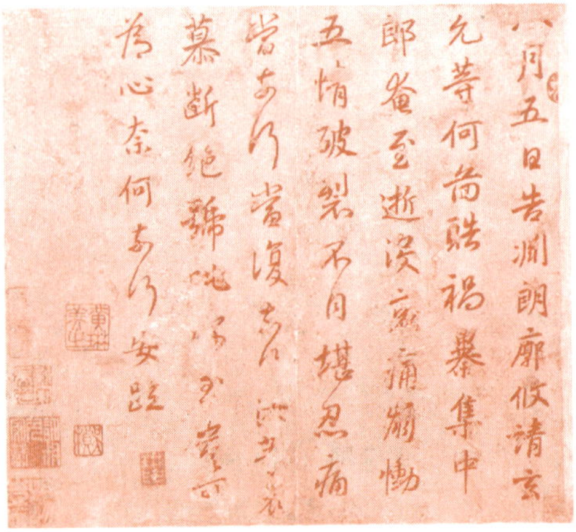

中郎帖（晋·谢安）

2. 旗亭赌唱

开元中，诗人王昌龄、高适、王之涣齐名。时风尘未偶，而游处略同。一日天寒微雪，三人共诣旗亭，贳酒小饮。忽有梨园伶官十数人，登楼会宴。三诗人因避席偎映，拥炉火以观焉。俄有妙妓四辈，寻续而至，奢华艳曳，都冶颇极。旋则奏乐，皆当时之名部也。昌龄等私相约曰："我辈各擅诗名，每不自定其甲乙，今者可以密观诸伶所讴，若诗入歌词之多者，则为优矣。"俄而，一伶拊节而唱，乃曰："寒雨连江夜入吴，平明送客楚孤。洛阳亲友如相问，一片冰心在玉壶。"昌龄则引手画壁曰："一绝句。"寻又一伶讴之曰："开箧泪沾臆，见君前日书。夜台何寂寞，犹是子云居。"适则引手画壁："一绝句。"寻又一伶讴曰："奉帚平明金殿开，且将团扇共徘徊。玉颜不及寒鸦色，犹带昭阳日影来。"昌龄则又引手画壁曰："二绝句。"之涣自以得名已久，因谓诸人曰："此辈皆潦倒乐官，所唱皆巴人下里之词耳，岂《阳春》《白雪》之曲，俗物敢近哉？"因指诸妓之中最佳者，曰："待此子所唱，如非我诗，吾即终身不敢与子争衡矣；脱是吾诗，子等当须列拜床下，奉吾为师。"因欢笑而俟之。须臾，次至双鬟发声，则曰："黄河远上白云间，一片孤城万仞山。羌笛何须怨杨柳，春风不度玉门关。"之涣即揶揄二子曰："田舍奴，我岂妄哉？"因大谐笑。诸伶不喻其故，皆起诣曰："不知诸郎君，何此欢噱？"昌龄等因话其事。诸伶竞拜曰："俗眼不识神仙，乞降清重，俯就筵席。"三子从之，饮醉竟日。

——薛用弱《旗亭画壁》

故事大意：唐玄宗开元年间，王昌龄、高适和王之涣是齐名的诗人。当时他们还没有做官，很不得志，交游来往大抵都是相同的圈子。有一天，天气寒冷，空中飘起微雪，三位诗人结伴来到酒楼，赊酒小饮，遇梨园伶人唱曲宴乐。三人便私下约定以伶人演唱各人所作诗篇的数量多少来判定诗名的高下。王昌龄的诗被唱了两首，他在墙壁上画两道；高适也有一首诗被唱到；王之涣接连落空，就对两人说："刚才这几个歌伎都没有什么名气，所唱的全是通俗小曲的歌词，像《阳春》《白雪》之类高雅的曲子，一般人谁敢去接触呢！"于是就指着其中最漂亮的一位歌伎说"且听这位所唱的歌曲，如果还不是我的诗，我就终身不敢同你们争胜了。如果是我的诗，那你们应当拜倒在我的座位之下，尊奉我为老师。"三人拭目以待，只听那位歌伎唱道："黄河远上白云间……"正是王之涣的《凉州词》，于是三人开怀大笑。后来他们还受到众歌伶的邀请，痛饮了一日。（可见，唐诗是可以入乐的，以著名诗人的诗句入乐为一时之风气。）

歌乐图（局部）（宋·佚名）

拓展阅读

谈吟诵的作用

叶嘉莹

作为一个终生从事古典诗词教学与研究的学者，我感觉到现在虽然有很多人喜欢古典诗词，但真正对古典诗词传统有深入理解的其实不多。中国古典诗词是以兴发感动的作用为诗歌美感之主要特质的，而这种美感的由来则与中国吟诵的传统有着密切的关系。可是，中国吟诵的传统现在已几乎断绝了，很多人已经不知道吟诵是怎么一回事。

日本至今保留着诗歌吟诵的传统，而且他们还把古代一百个诗人所写的一百首和歌编起来制作了一个纸牌的游戏，名字就叫“百人一首”，这种吟诵的游戏目前在日本仍然很流行。越南现在也保留着诗歌吟诵的传统。有一个在南开大学留学的越南同学告诉我，现在越南的电视台每天晚上 11 点钟有一个节目叫《诗之声》，就是有关诗歌和吟诵的。这个同学还把他写的一篇文章拿给我看，他的文章中说，诗歌是非常精练的语言，它以最短的语言符号引起大家注意，可是还隐藏了很多没有说出来的意思。如果你就这样泛泛地读过去，对那些没有说出来的意思就不能体会；而当你拖长声音来吟诵的时候，那个没有说出来的意思就慢慢地透过你拖长的声调而表现出来了。他说得很有意思，我们中国的古人早就有这方面的体会。清朝的曾国藩在给他儿子的家书中就曾谈到，对古人的诗文“非高声朗诵则不能得其雄伟之概，非密咏恬吟则不能采其深远之韵”——你要学习写诗文先要读诵古人的诗文，读诵古人的诗文有两种方法，一种是“高声朗诵”，一种是“密咏恬吟”。高声朗诵是为了畅其气，就是把你那种感发的精神提起来；密咏恬吟是小声地静静地吟诵，这是为了得其韵，就是慢慢地体会它的韵味之所在。这是学诗的一种最基本的训练方法。

什么是“气”？我们说文章要有“文气”，诗歌要有“气象”。这“气”实在和声音是很有关系的。孟子说：“我知言，我善养吾浩然之气。”你看，他把“知言”和“养气”是合在一起说的。韩愈给他的学生李翊写信谈文章说：“气，水也；言浮物也。水大而物之浮者大小毕浮。气之与言犹是也，气盛则言之短长与声之高下者皆宜。”他说气就像是水，语言和文字就是水上漂浮的东西，只要有气托住，你的文章怎么说都是好的，但如果气托不住，你的文章就怎么说都不好了。所以曾国藩教育他的儿子要大声朗诵来把握诗文中的气，可是光有气也不成，当你声音大起来的时候，你的气就有把内容压倒的趋势。气是一种力量，可以把诗文的语言托起来，但气也不应该胜过内容，把内容都压下去。所以曾国藩说在“高声朗诵”之后还要“密咏恬吟”，把声音低下来，让意境显现出来。他说要用这两种方法反复来读诗文，然后才能够真正有你自己的体会。

杜甫的诗为什么写得这么好？那完全得之于他吟诵的工夫。杜甫写完了诗是配合着声音去修改的，他自己就说过，“新诗改罢自长吟”（《解闷十二首》）。杜甫有一个好朋友叫郑虔，当年他们有了钱就一起喝酒，喝了酒就一起作诗，即杜甫在《醉时歌》中所说的“得钱即相觅，沽酒不复疑。忘形到尔汝，痛饮真吾师”。可是在“安史之乱”以后，郑虔被贬到遥远的台州去了，杜甫回到长安没有再见到郑虔，有一次他经过郑虔住宅的时候就写了一首诗，诗中说：“酒酣懒舞谁相拽，诗罢能吟不复听”（《题郑十八著作丈故居》）。为什么把诗和舞联系起来?《诗·大序》说:“情动于中而形于言,言之不足故嗟叹之,嗟叹之不足故咏歌之,咏歌之不足,不知手之舞之,足之蹈之也。”所以你看老先生们念诗的时候,都摇头晃脑的,不但用手用脚打拍子,还用头打拍子,像舞蹈似的,一副陶醉的样子。杜甫当年和郑虔喝酒唱到半酣之时也要写诗吟诗,也会忘乎所以地手舞足蹈。可是现在他说:我的好朋友不在了,我如今还喝酒,但喝了酒之后谁再拉着我起来一同舞蹈呢?我如今还作诗,诗作好了之后我还是高声长吟,但是还有谁能像你当年那样兴奋地听我吟诗呢?当年,他和郑虔两个人还曾一起出游,到长安郊外的山林别墅去拜访一位退休的何将军,晚间住在将军的别墅里。杜甫对此写过一首诗说:“将军不好武,稚子总能文。醒酒微风入,听诗静夜分。”(《陪郑广文游何将军山林十首》)他说何将军不是只喜欢打仗,他家里的小孩子都在学诗。他说晚饭时我们喝了一些酒,到夜里酒醒的时候,就听见何将军家的小孩子在吟诗,一直吟到半夜。所以你看,不只是诗人吟诗,唐代的小孩子也是从小就学习吟诗的。

李白也很能吟诗,这也是他自己说的。他有一首《夜泊牛渚怀古》中说:“牛渚西江夜,青天无片云。登舟望秋月,空忆谢将军。余亦能高咏,斯人不可闻。明朝挂帆席,枫叶落纷纷。”“牛渚”是个地名,在西江的江边上。有一天晚上李白的船停泊在这里,就想起古代发生在这里的一个故事:晋朝有一位诗人叫袁宏,有一天晚上也曾把船停泊在牛渚这个地方,在船里吟诵他自己写的一组咏史诗。正好有一位叫谢尚的将军微服经过这里,听到了袁宏的吟诗,认为不但吟得好,写得也好。于是就登船求见,后来两人就做了好朋友。李白说,今天我也来到西江的牛渚,今天晚上也是这么一个晴朗的月夜。我在船上看着青天上那一轮朗月,就想起了袁宏和谢尚的故事。当年袁宏因会作诗会吟诗,就得到了谢尚的欣赏,我李太白也会作诗也会吟诗,怎么就没一个像谢将军那样的人来欣赏呢?“斯人不可闻”是说,那位谢将军他没有听到我吟诗,他要是听到我吟诗,一定认为我比袁宏吟得更好。李白说我明天早晨就要乘船离开牛渚了,离开这里以后就更不会有机会碰到一个欣赏我吟诗的人了。可见,李白也是会吟诗的,而且很得意自己的吟诗。

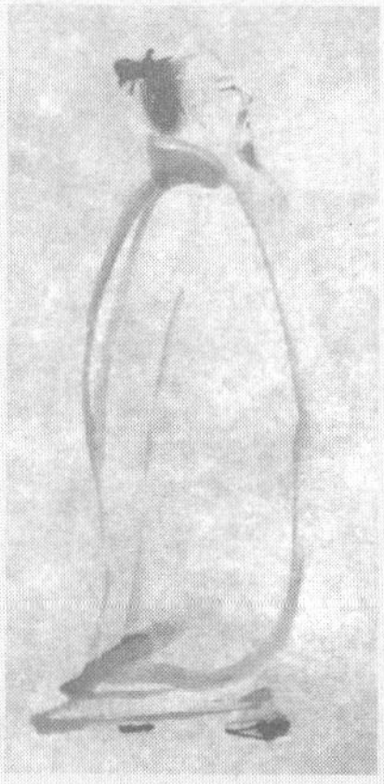

李白行吟图(局部)
(宋·梁楷)

我实在要说,你如果读杜甫的诗,读李白的诗,真的应该学会吟咏才好。孟郊和贾岛的诗就很难吟咏,因为他们写得比较狭窄,舒展不开,没有办法高声朗诵以畅其气。我教诗教了这么多年,好的诗我一看就有感觉,像杜甫的《秋兴八首》,像李太白的长篇歌行，我一看就不由自主地想要大声吟咏。清朝有名的诗人范伯子曾经说过两句话，说你作诗的时候，要“字从音出，字从韵出”，就是说你要吟诵得很熟，你的文字是跟着声音出来的。这是一件非常奇妙的事情。如果你面对着纸和文字，甚至于你还准备了很多辞书字典，你可以一个字一个字地拼凑出合乎格律的平仄和押韵，但你无法给诗以气势，给诗以韵味，给诗以兴发感动的生命。诗歌创作，应该是在吟诵之时，伴随着声音出来的。所以中国的好的诗人，特别是能够在作品中传达出一种深远而又强大的兴发感动作用的那种诗人，一般也都是非常善于吟诵的诗人。

声音的感发是作诗的一个根本，就是说你情感的感发跟你声音的感发是一同成长起来的。当代法国有一位很了不起的女学者朱莉娅·克里斯蒂瓦（Julia Kristeva），她写过一本书，叫《诗歌语言的革命》（Revolution in Poetic language）。诗歌的语言跟我们日常的语言有什么不同？她说“Chora”是诗歌文字形成以前的一种动力，这动力常常是一种声音。而后她又引出俄国诗人马雅可夫斯基写过的一本书叫《诗是怎样作成的》（How Are Verses Made），书中说：“当我一个人摆动着双臂行走时，口中发出不成文字的喃喃之声，于是而形成为一种韵律，而韵律则是一切诗歌作品的基础。”这也就是说，诗的文字是随着它声音的韵律而形成的。

还有伊萨克·丁尼森（Iask Dinesen）在他写的《走出非洲》（Out of Africa）一书中记载了一段故事，说他到非洲去的时候，有一天偶然给非洲那些当地人念诵了一些诗。这些非洲人不知道他念的是什么，但很快就掌握了其中的韵律，他们热切地等待着韵字的出现，每当韵字出现时，他们就发出欢快的笑声，而且不断要求再说一遍，说得像落雨一样。非洲人认为下雨是一件好事，所以他们显然是喜欢诗的节奏和韵律的，尽管他们不明白那些文字的意义。我还看到过美国的一本教材也有这种看法。那是肯奈迪（X. J. Kennedy）编著的《诗歌概论》（An Introduction Poetry），书中说：读诗不能只用眼睛读，要把你的声音交给这个诗。而且你必须要读它十遍二十遍甚至一百遍，然后慢慢地就有滋味被你体会出来了。

其实，吟诵不但对于学诗的人和作诗的人来说是重要的，对于听诗的人来说也是很重要的。晚唐诗人李商隐在他的《柳枝》诗中的序中就记载了一段因听人吟诵而产生的爱情故事。他说柳枝是一个非常聪明的女子，有一天李商隐的一个叔伯兄弟让山在柳枝家附近吟诵李商隐的《燕台》诗，就是“风光冉冉东西陌，几日娇魂寻不得”那几首诗，被柳枝听到了，她立即就惊问：“谁人有此？谁人为是？”什么人有这样的感情？什么人能写出这样的诗来？让山说，这是我的堂兄李商隐写的。于是这个女子就约李商隐见面。据说这女子过去从来不肯好好地修饰化妆，可是当她和李商隐约会那天却是“丫鬟毕妆”，装饰得非常整齐美丽，那是因为她被李商隐的《燕台》诗深深地感动了。可见这诗歌的吟诵是很能够感动人的，它所传递的是一种心灵上的相通而不是对色相的倾慕。

我之吟诵是因为我的家是一个比较古老的旧家庭，小时候我常常听我父母和伯父母吟诗。吟诗和唱歌不同，唱歌有一个曲谱，大家都按同一个曲谱来唱，所需要掌握的是那音乐曲谱的节奏而不是诗的节奏。诗歌的吟唱没有一个固定的曲谱，南方人跟北方人唱的不一样，广东人跟山东人唱的也不一样，甚至同一个人在不同心情和场合之下的吟诵也可以有所不同。然而，有一点是相同的，那就是需要掌握诗歌的基本节奏和韵律，这是在百变之中的不变之处。不过，诗的基本节奏和韵律虽然是不变的，但是哪一个字的声音拖长一点或者缩短一点，粗一点或者细一点，提高一点或者降低一点，这是可以变的。就好像书法家的书法，行草篆隶，看起来大家都这样写，可是每个人写出来的风格都不相同。吟诗也是如此，比如都是七言律诗，它的平仄和节奏都是一样的，但是善于吟诗的人能够吟出他自己的体会来，你仔细一听，就能听出那些精微的差别。

资料来源：叶嘉莹．迦陵说诗：叶嘉莹说诗讲稿．北京：中华书局，2008. 有删节．

行为训练

1. 了解与自己母语方言最接近的某一吟诵流派，包括其代表人物、传承历史、风格特色等，收集与之相关名家的吟诵音像资料，制作一个介绍该吟诵流派的 PPT 或短视频。

2. 尝试模仿你所喜欢的一种吟诵调，并对一首作品反复吟诵，仔细体会文字的平声、仄声、入声的不同发音特点。

第三章　古琴习弹

古琴又称瑶琴、七弦琴，是中国传统拨弦乐器，属于八音中的“丝”乐，有着三千年以上的历史。古琴的出现有伏羲作琴、神农作琴、唐尧造琴等各种传说，《礼记》记载由舜作五弦之琴，后由文王增一弦，武王又增一弦而为七弦琴。古琴的音色有泛音、散音、按音三种，古人将泛音比作天籁，其音色特点是清亮空灵、飘逸高远；散音是地籁，其特点是浑厚宽和、沉稳坚实；按音是人籁，其特点是婉转抒情、圆润细腻。在中国传统社会，古琴一直作为君子悦己修身的一种重要器具，有“士无故不撤琴瑟”之说。

微课
古琴基础

2003 年，古琴艺术被联合国教科文组织列为非物质文化遗产代表，除了它具有悠久的历史外，更重要的是古琴所承载的中华文化，包括制作工艺，弹奏技巧，曲谱记录，演奏仪式，传承体系，文化思想，其中最重要的是与华夏精神并存的琴道。琴道与天地之道相通，它体现着天地万物的阴阳造化之道；琴道与君子之道一体，它蕴含着士大夫以琴正心的修身追求；此外，它还与人间政事人事相结合，具有与政通、致民和、维纲常的功能。

微课
古琴技法
体验：挑、勾

听琴图（宋·赵佶）

典型案例

案例 1　“古琴热”现象

自 2003 年古琴被列入世界文化遗产名录以来，“古琴热”持续攀升。从电影《英雄》中的盲人琴师鼓琴，到北京奥运会开幕式上的“太古遗音”，古琴这种小众文化开始走向大众视野，学习古琴弹奏的人越来越多，但同时也出现了不少问题。其一，很多古琴爱好者过分追求着装、架势、音色等外在形式，而忽略了古琴内在的文化内涵与修身追求。其二，有些人只上过几节古琴课，对古琴艺术一知半解，却敢于开班授课。其三，古琴价格偏高，一张传统手工斫制的古琴价格最低都在万元以上，七八万元一张古琴很正常，令普通古琴爱好者无法承担。

案例 2　《文王操》琴曲赏析

文王操

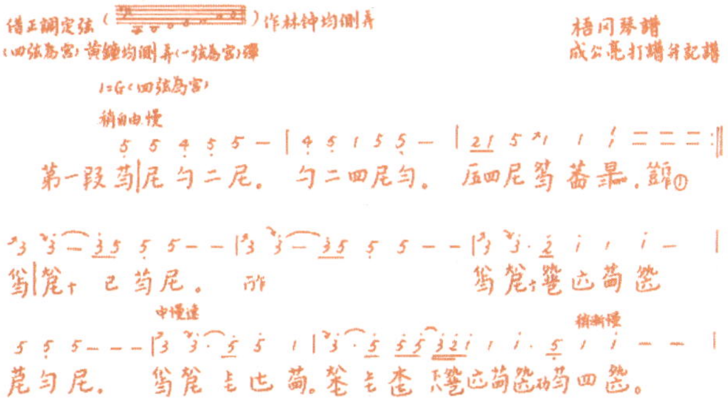

琴曲《文王操》第一段（部分）

微课

古琴技法体验：按音

琴曲《文王操》初见于明代《梧冈琴谱》，由著名古琴家成公亮先生打谱。《史记·孔子世家》中有孔子向师襄子学习此曲的记载；北宋苏轼《舟中听大人弹琴》有“江空月出人绝响，夜阑更请弹《文王》”的诗句；北宋琴家成玉礀的《琴论》称“其声古雅，世俗罕闻”，自南宋浙派徐门传谱《梧冈琴谱》至晚明《琴书大全》，是《文王操》的盛行期，其后渐渐绝响。

据成公亮先生讲解，《文王操》的乐曲一开始就给人一种庄严、肃穆的感觉，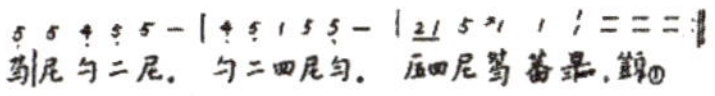 开头第一个乐句让人感觉像是编钟的隆隆

之声。弹一开始这几个音，不能用同一个力度，否则音乐听起来就比较呆板，没有语气。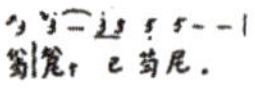第二句稍微弱下来一点：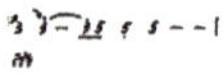；第三句，再回到通常的力度，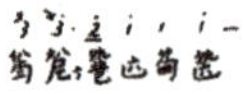……

《文王操》庄严肃穆而又充满仁爱，表达了对古代圣贤的仰慕。《杏庄太音补遗》赞美那崇高圣洁“天道不已”的思想，可以净化人们的心灵：“鼓此曲令人荡涤邪秽，消融渣滓”。

阅后思考

1. 你如何看待“古琴热”现象？如何学习和推广古琴才能让古琴回归传统？

2. 请听一下成公亮先生弹奏的《文王操》琴曲，谈谈你的听琴感受。

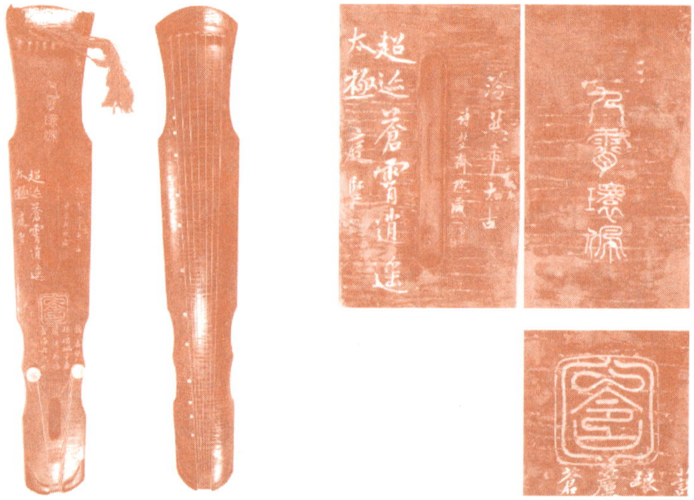

九霄环佩琴（伏羲式）

图片来源：中国艺术研究院音乐研究所，北京古琴研究会编：中国古琴珍萃.

经典文本

微课

古琴技法体验：泛音

◎ 君子之近琴瑟，以仪节也，非以慆心也。

——《左传·昭公元年》

【参考译文】君子亲近女子，要遵礼仪的规定进行，不要因为女色而使心志惑乱。

◎ 凡鼓琴，有七例：一曰明道德，二曰感鬼神，三曰美风俗，四曰妙心察，五曰制声调，六曰流文雅，七曰善传授。

——《琴说》

【参考译文】凡是弹琴都有七个规则：一彰明道德，二感通鬼神，三美化风俗，四神妙心察，五制定声调，六传播文雅，七亲善传授。

◎ 琴之为乐，可以观风教，可以摄心魂，可以辨喜怒，可以悦情思，可以静神虑，可以壮胆勇，可以绝尘俗，可以格鬼神，此琴之善者也……夫正直勇毅者听之则壮气益增。孝行节操者听之，则中情感伤。贫乏孤苦者听之，则流涕纵横。便佞浮嚣者听之，则敛容庄谨。是以动人心，感神明者，无以加于琴。

——《琴史》

【参考译文】琴（乐）作为音乐，可以用来观察风气教化，收摄心魂，辨别喜怒，愉悦情思，安定神虑，壮大胆量，隔绝尘俗，感格鬼神，这是琴的高明功用。正直勇敢的人听了可以增加胆量气度，有孝行节操的人听了会感怀伤痛，贫穷孤苦的人听了会痛哭流涕，阿谀浅薄的人听了会敛容庄重。所以没有什么可以比琴更能触动人心、感通神鬼的乐器了。

◎ 琴者，禁也。禁邪归正，以和人心。始乎伏羲，成于文武，形象天地，气包阴阳，神思幽深，声韵清越，雅而能畅，乐而不淫，扶正国风，翼赞王化。

——南宋・刘籍《琴议篇》

【参考译文】琴是禁止的意思，禁止邪乱，归于中正，可以和顺人心。古琴始于伏羲，由文王、武王（各增一弦）而成，琴的形状象法于天地，气势含摄于阴阳，神志幽暗深玄，其音韵清脆悠扬，和雅而能畅顺，愉悦而不流于邪思放荡，可以匡扶社会风气，辅佐圣王教化。

微课

岭南琴曲欣赏：碧涧流泉

◎ 琴之为物，圣人制之以正心术，导政事，和六气，调玉烛。实天地之灵器，太古之神物，乃中国圣人治世之音，君子养修之物。

——明・朱权《神奇秘谱》

【参考译文】古琴是一种道器之物，圣人制作古琴，是用来匡正人心，疏导政事，协和六气，调顺四时。古琴实在是天地之灵器、上古之神物，是中国圣人平治天下的乐音，君子修身养性的器物。

经典故事

1. 高山流水遇知音

伯牙善鼓琴，钟子期善听。伯牙鼓琴，志在登高山。钟子期曰：“善哉！峨峨兮若泰山！”志在流水。钟子期曰：“善哉！洋洋兮若江河！”伯牙所念，钟子期必得之。伯牙游于泰山之阴，卒逢暴雨，止于岩下，心悲，乃援琴而鼓之。初为霖雨之操，更造崩山之音。曲每奏，钟子期辄穷其趣。伯牙乃舍琴而叹曰：“善哉，善哉，子之听夫志，想象犹吾心也。吾于何逃声哉？”

——《列子·汤问》

故事大意：春秋时期，俞伯牙善弹琴，钟子期善听琴。俞伯牙明志在高山，赋意于曲调之中，钟子期听后赞叹道：“好啊！巍巍峨峨，就像是高峻无比之山！”伯牙寄情于流水，隐情在旋律之外，钟子期听后又称赞道：“妙啊！浩浩荡荡，就如同奔流不已之河水！”伯牙弹琴每有念想，钟子期都能领会其中的含意。有一次，伯牙来到泰山北面游览时，突然遇到了暴雨，只好滞留在岩石之下，心里寂寞忧伤，便拿出随身带的古琴弹了起来。刚开始，他的琴音里是连绵大雨，接着又奏出了山崩似的乐音。伯牙每奏一支琴曲，钟子期都能完全听出它的意旨和情趣。俞伯牙放下琴而感叹道：“好啊！好啊！您的听音、辨向、明义的功夫实在是太高明了，您所说的跟我心里想的真是完全一样，我的琴声怎能逃过您的耳朵呢？”（后来俞伯牙得知钟子期去世，痛惜伤感，摔坏了自己从不离身的古琴，从此不再抚弦弹奏，以谢平生难得的知音。）

微课

岭南琴曲欣赏：高山流水

伯牙鼓琴图（局部）（元·王振朋）

2. 孔子学琴

孔子学鼓琴师襄子，十日不进。师襄子曰：“可以益矣。”孔子曰：“丘已习其曲矣，未得其数也。”有间，曰：“已习其数，可以益矣。”孔子曰：“丘未得其志也。”

有间，曰："已习其志，可以益矣。"孔子曰："丘未得其为人也。"有间，有所穆然深思焉，有所怡然高望而远志焉。曰："丘得其为人，黯然而黑，几然而长，眼如望羊，如王四国，非文王其谁能为此也！"师襄子辟席再拜，曰："师盖云《文王操》也。"

——《史记·孔子世家》

故事大意：孔子向师襄子学习弹琴，一连学了十天，仍在弹初学的曲子。师襄子说："可以学新曲了。"孔子说："我虽已熟习乐曲了，但还没有熟练掌握弹琴的技法。"过了些时候，师襄子又说："你已熟习弹琴的技法，可以学新曲子了。"孔子说："我还没有领会乐曲所表达的思想。"又过了些时候，师襄子又说："你已领会乐曲所表达的思想，可以学新曲了。"孔子说："我还没有体会出作曲者是怎样的一个人。"过了些时候，孔子显得肃穆沉静，若有所思，时而怡然高望，志意深远。他说："我体会出作曲者是个什么样的人了，他的肤色黝黑，体形颀长，目光明亮而深邃，像一个统治四方诸侯的王者，除了周文王又有谁能够如此呢！"师襄子恭敬地离开席位给孔子拜了两拜，说："我的老师也认为这首琴曲是《文王操》。"

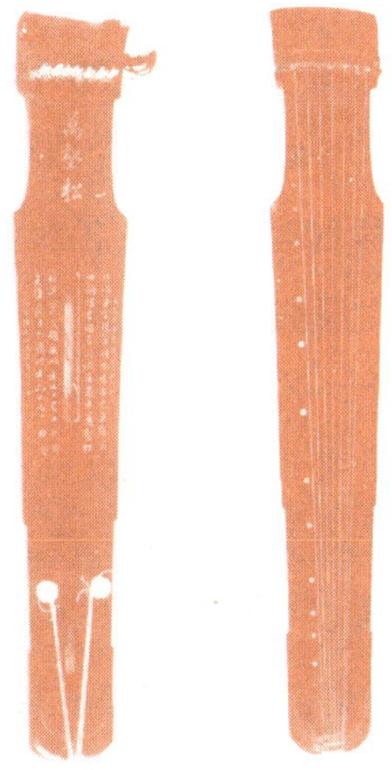

万壑松琴（仲尼式）

图片来源：中国艺术研究院音乐研究所，北京古琴研究会编：中国古琴珍萃．

微课

岭南琴曲欣赏：怀古

拓展阅读

鼓琴：文人修身的过程

罗筠筠

古琴之所以倍受古代文人士大夫喜好，除了其琴道、琴德、琴境为其所重外，更在于习琴操缦有助于修身养性，成君子之德，也就是说，鼓琴是被当作一种修身的过程看待的，刘向《说苑·修文》言："乐之可密者，琴最宜焉，君子以其可修德，故近之。"鼓琴之所以有助于修身，可以从下面几个方面来分析。

（一）丰富的文化内涵

古琴不仅在琴制上凝聚了中国古人哲理性的思想，而且古琴的琴歌、琴曲创造也大多具有深刻的文化内涵，每一首琴歌、每一段琴曲均有其动人心弦、教化心灵的故事由来。如果说人类历史上流传最久的音乐，且至今仍然能够体会其上古生命力之意蕴的，非古琴莫属。按各种不同琴谱记载流传至今的不同历史时期的琴曲大约三千余首，其内容丰富，意象广阔，凡象事、绘景、抒怀、寄情、写境，触物而心动者，皆可入缦成曲……进一步讲，就琴曲之创制讲，桓谭《新论》曰："琴有《伯夷》之操。夫遭遇异时，穷则独善其身，故谓之'操'。《伯夷》操以鸿雁之音……《尧畅》，达则兼济天下，无不通畅，故谓之'畅'。"朱长文《琴史》中也记载上古琴曲的由来，尤其说明了为何琴曲多以"操""畅"来命题："古之琴曲和乐而作者，命之曰'畅'，达则兼济天下之谓也；忧愁而作者命之曰'操'，穷则独善其身之谓也。"可见琴曲是君子在不同境遇下的心情写照。从流传琴曲中"操"多于"畅"这点看，大多数琴曲均为古人身处逆境之作，故更易引发人们感慨，也更具有励志教化的作用……除了琴曲外，琴歌也大多具有教化道德作用，据《史记》载，孔子为了备王道，成六艺之教，曾将"诗三百"都创为琴歌："三百五篇孔子皆弦歌之，以求合韶武雅颂之音。礼乐自此可得而述，以备王道，成六艺。"

中国传统文艺与美学思想历来倡导"文以载道""寓教于乐"，古琴琴曲、琴歌的丰富内容及其所承载深厚的文化内涵，使其成为古人陶冶性情，自我升华的最好的投向，也是其以情感人，教化他人最好的老师。嵇康在《赠秀才入军诗其五》中吟颂道："琴诗自乐，远游可珍。含道独往，弃智遗身。寂乎无累，何求于人？长寄灵岳，怡志养神。"……正由于古琴琴曲、琴歌有如此丰富的内容和丰厚的内涵，故君子习琴之目的绝不单单是掌握琴曲的指法，熟记琴曲的曲谱，能够娴熟地操缦，更重要的是对琴曲内容的理解，对其中所包含的先贤精神的体认，进一步由每首琴曲所营造出的高深意境，达到自我品位的提升与德行的锤炼。

（二）含蓄的艺术特点

桓谭《新论》中说："八音之中，惟丝最密，而琴为之首。琴之言禁也，君子守以自禁也。大声不震哗而流漫，细声不湮灭而不闻。"说出了古琴音质音色的特点，这种含蓄的艺术特点，与中国古人所崇尚的中庸和谐精神相符，故也是古琴艺术受到士大夫钟爱的原因之一。

1. 琴声含蓄而具音乐感召力

古琴琴声不大，具有非张扬、含蓄内敛的特点，因而适合于自赏，不适合表演，因而自古以来古琴演奏往往被看作是知音之间心与心的交流，伯牙、钟子期的故事成为千古美谈。唐人王昌龄诗《琴》赞颂了古琴音色的魅力：“孤桐秘虚鸣，朴素传幽真。仿佛弦指外，遂见初古人。意远风雪苦，时来江山春。高宴未终曲，谁能辨经纶。”

携琴访友图（局部）（明·文徵明）

古琴琴声的含蓄得益于其音质特点，所谓音质，指乐器所发出音响的物理效果，根据乐器的构造与演奏方式不同，音质也不相同。在民乐弦乐器中，诸如琵琶、扬琴、古筝等发音铿锵响亮却延时较为短促，二胡等发音虽绵长婉转却不够清亮。相比之下，只有古琴的音质可以说是刚柔相济，清浊兼备，变化丰富，意趣盎然，虽含蓄却充满了表现力与感染力。古代文人士大夫钟爱古琴也正是看重它的声音古朴悠扬，音质绵长悠扬，意蕴余味无穷，其极具感召力的特点。王充《论衡·感虚篇》中说：“传书言：‘瓠芭鼓瑟，渊鱼出听；师旷鼓琴，六马仰秣。’或言：‘师旷鼓《清角》，一奏之，有玄鹤二八，自南方来，集于廊门之危；再奏之而列；三奏之，延颈而鸣，舒翼而舞，音中宫商之声，声吁于天。平公大悦，坐者皆喜。’”都是说明古琴强大的感染力，于自然可以令六马仰秣，玄鹤延颈，于人事可以观古人圣心，体先哲圣德，养今人之志。

所以，正如朱长文《琴史》所言：“古之君子，不御琴瑟者，非主于为己，而亦可以为人也。盖雅琴之音，以导养神气，调和情志，摅发幽愤，感动善心，而人之听之者亦恢然也。”古琴古朴的声音（当时所用为丝弦，其所发出的声音不像今天的钢丝弦这样刚亮），绵长的韵味，既有象物拟声的描绘（如流水），更有抒情写意的表现（如用吟、猱、绰、注等指法写意表情），更重要的是它贴近自然的声音，可以同时将操缦与聆听之人引入一种化境，即使并非知音也同样容易为之感动：“而丝之器，莫贤于琴。是故听其声之和，则欣悦喜跃；听其声之悲，则蹙頞愁涕，此常人皆然，不待乎知音者也。若夫知音者，则可以默识群心，而预知来物，如师旷知楚师之败，钟期辨伯牙之志是也。”

2. 韵味变化含天地人籁

明人高濂《遵生八笺·燕闲鉴赏笺》中有言：“琴用五音，变法甚少，且罕联用他调，故音虽雅正，不宜于俗。然弹琴为三声，散声、按声、泛声是也。泛声应徽取音，不假按抑，得自然之声，法天之音，音之清者也。散声以律吕应于地，弦以律调次第，是法地之音，音之浊音也。按声抑扬于人，人声清浊兼有，故按声为人之音，清浊兼备者也。”这段话表明了古琴琴音的艺术特点，一方面琴曲曲谱最基本的调只有宫、商、角、徵、羽五音，雅正不俗，但似乎缺少变化。另一方面，通过指法的变化，却可以演化出与天地之音相通，与人声相类的各种音色，生发出变化多端的音韵。

古琴有散音7个、泛音91个、按音147个。散音沉着浑厚，明净透彻；按音纯正实在，富于变化；泛音的轻灵清越，玲珑剔透。散、按、泛三种音色的变化不仅在琴曲表现中担当着不同的情绪表达作用，引发出不同的审美效果，而且从其创制其也同样暗含着与天、地、人相同哲理，《太古遗音·琴制尚象论》中说：“上为天统，下为地统，中为人统。抑扬之际，上取泛声，则轻清而属天，下取按声则重浊而为地，不加抑按则丝木之声均和而属人。”天、地、人三声可以说是包蕴了宇宙自然的各种声音，早在先秦庄子那里就已经有这种区分：南郭子綦隐机而坐，仰天而嘘，荅焉似丧其耦。颜成子游立侍乎前，曰：“何居乎？形固可使如槁木，而心固可使如死灰乎？今之隐机者，非昔之隐机者也？”子綦曰：“偃，不亦善乎而问之也！今者吾丧我，汝知之乎？女闻人籁而未闻地籁，女闻地籁而未闻天籁夫！”……子游曰：“地籁则众窍是已，人籁则比竹是已，敢问天籁。”子綦曰：“夫天籁者，吹万不同，而使其自己也。咸其自取，怒者其谁邪？”

琴之散、按、泛三音，正如天、地、人三籁，可以描绘自然界变化无穷的诸多音响，而且还可以引发人的形而上的冥想，从而身心俱化。这也是先哲以此为修身养性之方式的原因之一。嵇康《琴赋》总结了士大夫之所以如此爱琴的原因，是从这个角度说的：“余少好音声，长而玩之，以为物有盛衰，而此无变，滋味有厌，而此不倦。可以导养神气，宣和情志，处穷独而不闷者，莫近于音声也。是故复之而不足，则吟咏以肆志；吟咏之不足，则寄言以广意。”

携琴看山图（局部）（明·周臣）

3. 修习过程枯燥而磨炼心志

首先，修琴需先修心、修德，没有心之悟，道之得，难以达到更高的境界。也就是说，在古代先哲那里，习琴操缦的主要目的是成君子之德，而不是学会一门艺术技巧。习琴只是手段和过程，修身养性才是目的。琴史上许多著名的典故，都说明了这个道理，姑且举最为人们熟悉的孔子习琴的故事来看。《韩诗外传》中说，孔子习琴由得其数、到得其意，进而得其人、得其类的过程，就是古代贤哲修身悟道的过程《史记》中也有同样记载。

其次，古琴易学而难精，非长年累月修炼，难以达到高的境界，也难以达成修身养性的目的。修炼过程较枯燥，不能急于求成，正是磨炼心性的好方法。《列子·汤问第五》中记载的师文向师襄习琴的故事很能说明问题，师文为了达到那种春夏秋冬皆能令草木生辉，万象蓬勃，充满生机，出神入化的境界，经历了三年不成章的痛苦，更经历了掌握了技术之后磨炼心性的过程，因为其志所在乃内得于心，外应于器。还有一点应该强调，由于古人所言古琴艺术具有“难学易忘不中听”的特点，所以习琴一定要有日积月累，持之以恒的精神，不能只凭一时兴趣，而这一点正是其磨炼人的耐心与恒心的地方，否则不仅琴学不出来，人也难成大器。

最后，习琴操缦过程中需凝神静气，疏瀹五脏。为了成就高尚的琴德，体味至上的琴境，从而把握深奥的琴道，达成完善的人格，也为了使习琴与操缦的过程更臻于审美的境界。在这个过程中还必须遵从艺术与审美的规律，保持“涤除玄览”的审美心胸，扫除心中的凡尘琐事，凝神静气，情志专一，如此才能进入琴境，这一点也很受历代琴学家的重视。

强调习琴操缦时的虚静心态，有几个方面的原因。其一，与艺术创作与审美规律相一致，这一点从老庄开始一直是中国古代美学非常强调的，这里不多赘言。其二，因为古琴演奏技巧相对比较复杂，既要注意指法的准确，左右手的配合，又要注意演奏的力度、节奏，更要根据琴曲的主题结合自身的体会准确地表达情感。如果心存杂念，思虑重重，不能集中精神，往往连基本的指法也会出错，更无法进入精妙的琴境和体悟高深的琴道。其三，因为操琴的目的在于体味审美意境与修身养性，心绪烦乱，功名利禄恰恰是最大的妨碍，所以习琴操缦之人要克服这一点。

资料来源：罗筠筠．中国琴学与美学．见：李训贵，宋婕主编．城市国学讲坛（第一辑）．广州：中山大学出版社，2008．有删节。

行为训练

1. 听一首你感兴趣的古琴曲，并探究琴曲蕴含的主旨思想。
2. 在条件允许的情况下，去体验一下古琴艺术，感受古琴的声音与意境。

第四章　书画赏析

根据传统的说法，伏羲氏因物取象而创制八卦，是为典籍图画的萌芽。其后，轩辕黄帝的史官仓颉见鸟兽之迹而初造书契，其时仍属草创阶段，书画同体而未分。尽管伏羲画卦、仓颉造字的传说不尽可考，但现代考古发现也证实了中国文字与绘画的发轫可追溯至远古时期。

商・散氏盘拓片（局部）

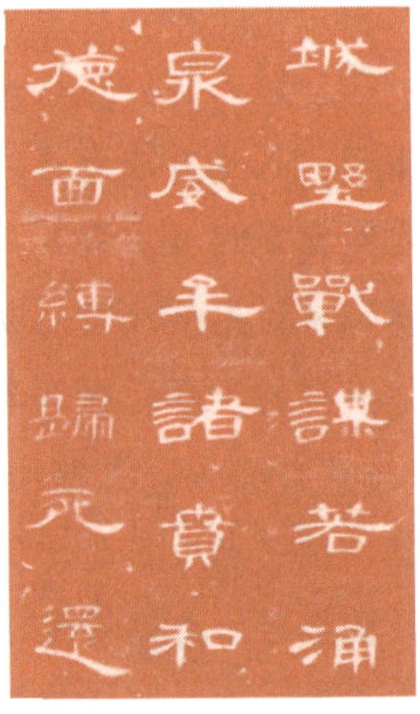

汉・曹全碑（局部）

随着历史的发展，文书和绘画异辙而行，书重传意，画擅摹形。汉字书写逐渐升华为书法艺术，演变出篆、隶、楷、行、草五种书体，涌现出二王（王羲之、王献之）、欧阳询、颜真卿、柳公权、赵孟頫、苏东坡等书法家，给后人留下了《兰亭集序》《九成宫醴泉铭》《颜勤礼碑》等精彩绝伦的书法作品。中国画则“画分三科”，以人物、山水、花鸟为主要题材，形成写意、工笔等不同技法，涌现出顾恺之、吴道子、王维、荆浩、倪瓒、八大山人（朱耷）、石涛等画家，创作了《洛神赋图》《送子天王图》《辋川图》等流传至今的珍贵的画作。

洛神赋图　宋摹本（局部）（晋·顾恺之）

尽管书画异辙，却也殊途同归，既可用作宣扬教化之具，亦可成为承载思想之舆。此外，古人更将之视作修身养性之法，或把玩书画作品，从中获取审美体验，感受艺术精神，从而涵养自身性情，提高生活格调。或亲身参与书画创作，修证诚意正心之学，体悟道法自然之理，从而安顿自家生命，提升精神境界。

送子天王图　宋摹本（局部）（唐·吴道子）

微课

怎样学习书法

典型案例

案例1　颜真卿《祭侄文稿》赏析

《祭侄文稿》收藏在台北故宫，是公认颜真卿传世墨迹书法最可靠的一件，被称为“天下行书第二”，仅次于《兰亭序》。然而《兰亭序》真迹早已不在人间，传世的都是临摹复制版本。以真迹而论，《祭侄文稿》可以说是“天下行书第一”。

《祭侄文稿》是一篇文章的草稿，字体大大小小，涂改无数，乍一看可能觉得不够工整端正。但是正因为如此，真正面对第一手书法家书写的墨迹真本，才可能领略书法随情绪流转的绝美经验。这样的审美体验，连书法家本人也无法重复，后来者的刻意“临摹”往往只能得其皮毛。

祭侄文稿（唐·颜真卿）

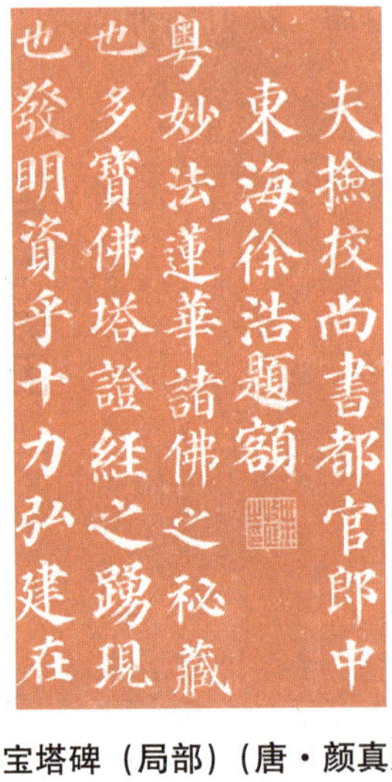

多宝塔碑（局部）（唐·颜真卿）

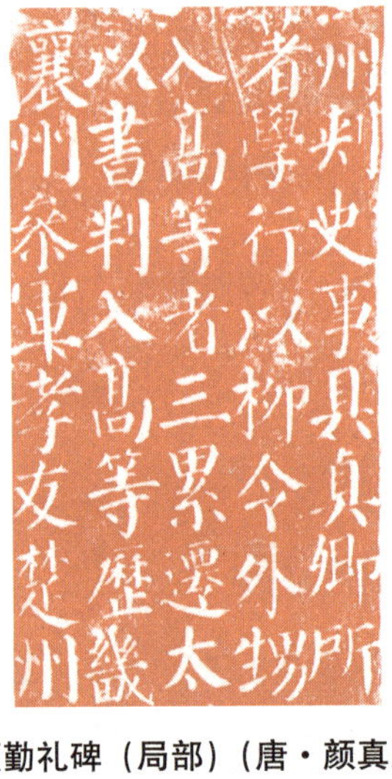

颜勤礼碑（局部）（唐·颜真卿）

《祭侄文稿》是颜真卿五十岁时书写的一篇祭文，一开始写年月日——

“维乾元元年（758 年），岁次戊戌，九月庚午朔，三日壬申”。接着，书写了自己当时的身份官职——“第十三叔，银青光禄（大）夫，使持节蒲州诸军事，蒲州刺史，上轻车都尉，丹阳县开国侯真卿”。

书帖前面六行，像交响曲的第一乐章，像歌剧的序曲，缓缓述说主题——叔父祭悼死去的侄子颜季明——“以清酌庶羞，祭于亡侄，赠赞善大夫季明之灵”。颜真卿在强烈的悲恸情绪中，努力控制自己，书法的线条平铺直叙，仿佛在储蓄力量，娓娓道来事件的缘由。

唐玄宗天宝 14 年（755 年）安禄山兵变，唐军溃败。唐玄宗出奔逃亡四川，太子在甘肃登基，大唐江山危在旦夕，只靠几位忠心重臣稳定社稷。当时颜真卿守平原（今山东陵县），他的堂兄颜杲卿守在与敌人交锋第一线的常山（今河北正定县西南）。常山孤城被安禄山大军包围，颜杲卿坚持不投降，阻挡了叛军南下，也为大唐军队整军备战赢得了时间。拖延一段时间后，常山城还是被攻破，颜杲卿遭俘。敌军以杲卿爱子颜季明的性命威胁，颜杲卿破口大骂叛军，被拔去了舌头，也就是文天祥《正气歌》中“为颜常山舌”的由来。结果，杲卿父子都遭屠戮杀害，颜家在这次战役中牺牲了三十几人。两年后，颜真卿反攻，收复常山，寻找到侄子颜季明的尸骸，悲家国之痛，伤青春之逝，写下了这篇感人的《祭侄文稿》。

“惟尔挺生，夙标幼德，宗庙瑚连，阶庭兰玉，每慰人心”。《祭侄文稿》的第二段是充满感伤的回忆，家族里优秀的青年后辈，像美好珍贵的玉石，像庭院中芬芳的兰花，从小被认为是家族的骄傲，却不料生命才正要开始，却惨遭无情的屠戮残杀。书法线条像一个单一弦乐器的独奏，忧伤却又美丽温暖的回想，仿佛沉溺在回忆中不愿醒来，不愿面对眼前悲惨的现实。

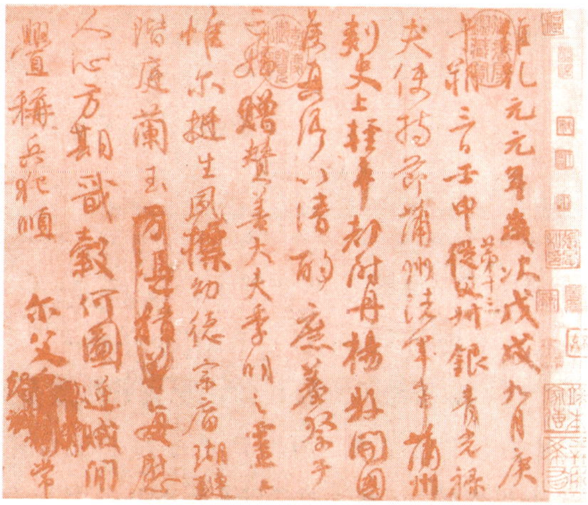

祭侄文稿（局部）

祭文随着颜真卿的情绪，进入悲愤痛苦的压抑，从“尔父常山作郡”开始，美丽的回忆破灭了，线条跳回现实，沉重而凄楚。

悲剧的高潮在孤城被攻破，书法出现最浓郁的顿挫——“土门既开，凶威大蹙”“贼臣不救”“孤城围逼，父陷子死，巢倾卵覆”。孤城城门被攻破了，敌人凶恶残忍，父子都被俘虏，父亲不愿投降，眼睁睁看着亲生儿子被杀。

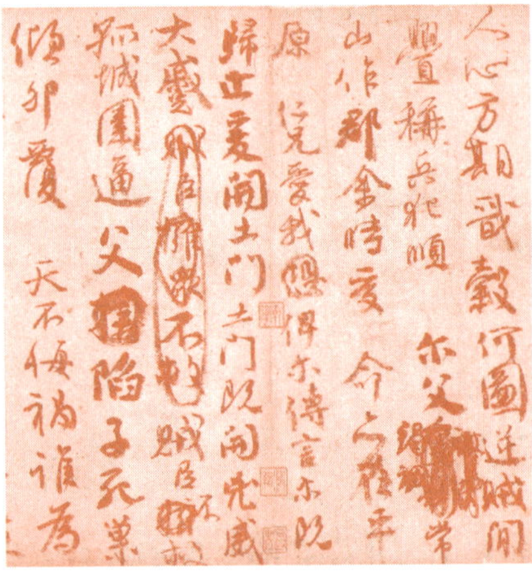

祭侄文稿（局部）

《祭侄文稿》第三段是乐章的高潮。“贼臣拥众不救”，圈改涂去，改为“贼臣不救”，可以想见两次重复中颜真卿对历史小人误事的咬牙切齿。只是小人无名无姓，似乎连可以悲愤抗争的对象都没有。

到了“父陷子死”，是全文笔墨最重的部分，颜真卿书法美学中沉着厚重、磅礴大气的力度也达于巅峰。那是要见证历史的线条，没有刻在石碑上，只是手写的草稿，但是力透纸背，有不可撼动的庄严。

“天不悔祸”，是对颜季明年轻生命遭遇惨死的伤逝；“携尔首榇，及兹同还”，带回了季明的尸骸，一起回家，“抚念摧切”，好像还在怀念季明童年时被长辈抚摸的温暖，却已经是冰冷的尸体了。“震悼心颜”，笔画线条里都是老泪纵横的苍凉。

《祭侄文稿》最后一段的笔墨变化非常大。“方俟远日”（等待有一天），也许战争结束了，可以为颜季明找一块墓地：“卜尔幽宅”，好好安葬这早逝的生命。写到这里，颜真卿情绪的悲恸纠结，变成书法线条尖锐的高音。“魂而有知”开始，笔触流动飞扬起来，与颜体正楷的方正稳重不同，线条似乎逼压出书写者心里的剧痛；“无嗟久客”，不要在外漂荡太久啊，是最后对死

祭侄文稿（局部）

者魂魄的一再叮咛。结尾的“呜呼哀哉”，干笔飞白，轻细的墨色像一缕飞起的灰烟，仿佛书写也随魂魄而去。颜真卿书法美学的千变万化，令人叹为观止。

（资料来源：蒋勋．汉字书法之美．桂林：广西师范大学出版社，2009. 有删节．）

案例 2　顾闳中《韩熙载夜宴图》赏析

关于《韩熙载夜宴图》的创作缘由，有两种说法，《宣和画谱》记载：后主李煜欲重用韩熙载，又“颇闻其荒纵，然欲见樽俎灯烛间觥筹交错之态度不可得，乃命闳中夜至其第，窃窥之，目识心记，图绘以上之。”《五代史补》则说：韩熙载晚年生活荒纵，“伪主知之，虽怒，以其大臣，不欲直指其过，因命待诏画为图以赐之，使其自愧，而熙载自知安然。”总之，此图是顾闳中奉诏而画。

韩熙载夜宴图　宋摹本“听乐”（局部）（五代·顾闳中）

作品如实地再现了南唐大臣韩熙载夜宴宾客的历史情景，细致地描绘了宴会上弹丝吹竹、清歌艳舞、主客糅杂、调笑欢乐的热闹场面，又深入地刻画了主人公超脱不羁、沉郁寡欢的复杂性格。

韩熙载夜宴图“观舞”（局部）

全图共分为五个段落，首段“听乐”，韩熙载与状元郎粲坐床榻上，正倾听教坊副使李家明之妹弹琵琶，旁坐其兄，在场听乐宾客还有紫微朱铣、太常博士陈致雍、门生舒雅、家伎王屋山诸人；二段“观舞”，众人正在观看王屋山跳“六幺舞”，韩熙载亲擂“羯鼓”助兴，好友德明和尚不期而遇此景，尴尬地拱手背立；三段“暂歇”，韩熙载与家伎们坐床上休息，韩正在净手；四段“清吹”，韩熙载解衣盘坐椅上，欣赏着五个歌女合奏；五段“散宴”，韩氏手持鼓槌送别，尚有客人在与女伎调笑。

韩熙载夜宴图“暂歇”（局部）

全卷以连环画的形式表现各个情节，每段以屏风隔扇加以分隔，又巧妙地相互联结，场景显得统一完整。布局有起有伏，情节有张有弛，尤其人物神态刻画栩栩如生，如“听乐”段状元郎粲的倾身细听动姿、李家明关注其妹的亲切目光、他人不由自主的合手和拍；“观舞”段王屋山娇小玲珑的身姿、德明和尚背身合掌低首而立的尴尬状等等，传尽心曲，入木三分。最出色的还是主人公韩熙载的刻画，长髯、高帽的外形与文献记载均相吻合，举止、表情更显露出他复杂的内心。一方面，他在宴会上与宾客觥筹交错，不拘小节，如亲自击鼓为王屋山伴奏，敞胸露怀听女乐合奏，送别时任客人与家伎厮混，充分反映了他狂放不羁、纵情声色的处世态度和生活追求；另一方面又心不在焉、满怀忧郁，如擂鼓时双目凝视、面不露笑，听清吹时漫不经心，与对面侍女闲谈，这些情绪都揭示了他晚年失意、以酒色自汙的心态。画家塑造的韩熙载，不仅形象逼真，具肖像画性质，而且对其内心挖掘深刻，性格立体化，可以说真实再现了这位历史人物的原貌。

韩熙载夜宴图“清吹”（局部）

韩熙载夜宴图“散宴”（局部）

作品的艺术水平也相当高超。造型准确精微，线条工细流畅，色彩绚丽清雅。不同物象的笔墨运用又富有变化，尤其敷色更见丰富、和谐，仕女的素妆艳服与男宾的青黑色衣衫形成鲜明对照。几案坐榻等深黑色家具沉厚古雅，仕女裙衫、帘幕、帐幔、枕席上的图案又绚烂多彩。不同色彩对比参差，交相辉映，使整体色调艳而不俗，绚中出素，呈现出高雅、素馨的格调。

（资料来源：故宫博物院“学习强国”学习平台，有删节。）

阅后思考

1. 你更喜欢颜真卿的正楷作品（如《颜勤礼碑》《多宝塔碑》）还是《祭侄文稿》？理由是什么？

2. 案例 2 中对《韩熙载夜宴图》的创作缘由给出了两种不同的说法，你认为哪个更加合理？

经典文本

◎ 善笔力者多骨，不善笔力者多肉；多骨微肉者谓之筋书，多肉微骨者谓之墨猪；多力丰筋者圣，无力无筋者病。一一从其消息而用之。

一［横］如千里阵云，隐隐然其实有形。

丶［点］如高峰坠石，磕磕然实如崩也。

丿［撇］如陆断犀象。

㇂［折］如百钧弩发。

丨［竖］如万岁枯藤。

㇏［捺］如崩浪雷奔。

𠃌［横折钩］如劲弩筋节。

——卫铄《笔阵图》

【参考译文】善用笔力的话，写出来的字多骨，不善用笔力，写出来的字多肉；多骨少肉的作品叫作“筋书”，多肉少骨的作品叫作“墨猪”。能写出多力丰筋的字可以说是技艺高超，而无力无筋则是有瑕疵的。写字的人要逐一把握当中的技巧来运用到书写之上。

横画，要像千里排列的阵云一样，隐隐约约有粗细不一、波动变化的形态。

侧点，要像高峰上坠下的石头，有磕碰崩塌的态势。

撇掠，要像利剑斩断犀角与象牙一样，有力。

微课

欧体楷书基本笔画：横的写法

欧体楷书基本笔画：竖的写法

欧体楷书基本笔画：撇的写法

欧体楷书基本笔画：捺的写法

戈笔，要像百钧重的弓弩蓄势待发，充满弹性。

弩笔，要形如万岁枯藤，苍劲浑厚。

背抛法，要像海浪崩涌、雷鸣滚滚，气势雄壮。

钩弩势，要像强弩和坚挺的竹。

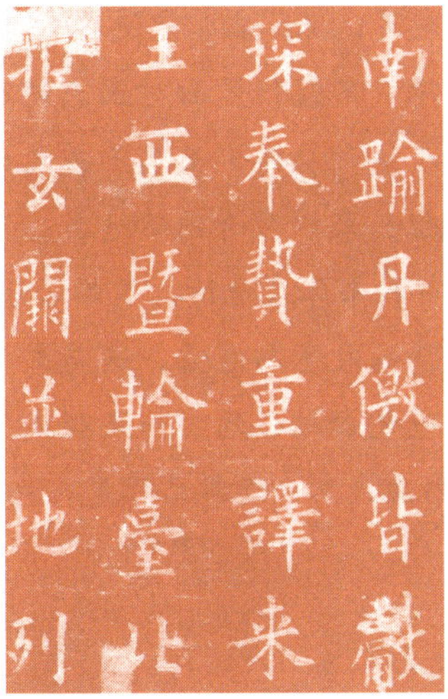

成宫醴泉铭（局部）（唐·欧阳询）

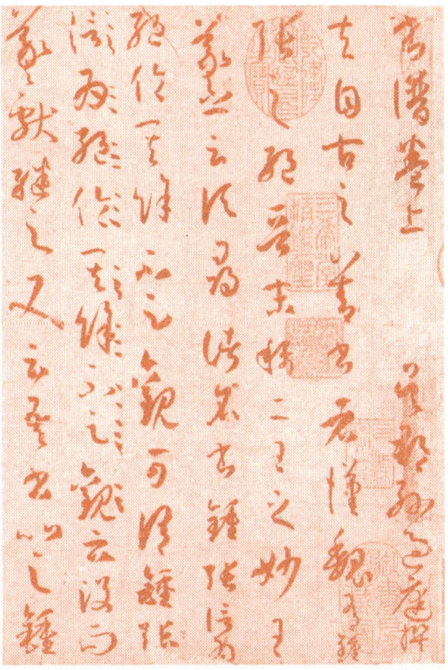

书谱（局部）（唐·孙过庭）

◎ 但右军之书，代多称习，良可据为宗匠，取立指归。岂惟会古通今，亦乃情深调合……止如《乐毅论》《黄庭经》《东方朔画赞》《太师箴》《兰亭集序》《告誓文》，斯并代俗所传，真行绝致者也。写《乐毅》则情多怫郁；书《画赞》则意涉瑰奇；《黄庭经》则怡怿虚无；《太师箴》又纵横争折。暨乎兰亭兴集，思逸神超；私门诫誓，情拘志惨。所谓涉乐方笑，言哀已叹。岂惟驻想流波，将贻啴嗳之奏；驰神睢涣，方思藻绘之文。虽其目击道存，尚或心迷议舛。莫不强名为体，共习分区。岂知情动形言，取会风骚之意；阳舒阴惨，本乎天地之心。既失其情，理乖其实，原夫所致，安有体哉！

——孙过庭《书谱》

微课

欧体楷书基本笔画：点的写法

欧体楷书基本笔画：挑的写法

【参考译文】这里只说王羲之的书法，世人多称赞并研习，他确实是一位大师宗匠，可以作为学习的典范。因为他不仅仅能融合古今，更由于他用情至深，能将书法与感情完美结合……比如仅仅是王羲之的《乐毅论》《黄庭经》《东方朔画赞》《太师箴》《兰亭集序》《告誓文》等作品，这些都是世间所流传的，堪称楷书和行书中的绝对精品。他写《乐毅论》时，情绪十分郁闷；写《东方朔画赞》时，笔下又流露出瑰异和新奇；写《黄庭经》时，好像进入一种虚无境界而心情愉悦；写《太师箴》时，又充满激烈抗辩的情绪。至于为兰亭雅集而作的《兰亭序》，显然可见其情思飘逸，精神爽朗；在自己所作的誓言《告誓文》，又可见其感情的压抑和神情的惨

微课

“永字八法”及其美学原理

淡。正所谓说到乐，就能使人发笑；说到哀，能使人慨叹。可见，不仅仅是面对流波才能激发乐感，不仅仅是面对五彩的雎水和涣水才能引发文思，书法同样具有这种功效。虽然王羲之已经达到了这样毋庸置疑的高深境界，但如果学习者内心迷乱，错误地加以领会，强行把这些书法作为一种书体来看待，不加区分地研习，也是错误的。要知道书法是感情的表达与流露，这与文学的抒情性相通；书写时情绪舒展与急促的起伏，乃是与天地之心相合的。如果脱离了相应的感情，也就失去了作品的本质美。这样来分析他的书法，怎么还能算作是一种书体呢！

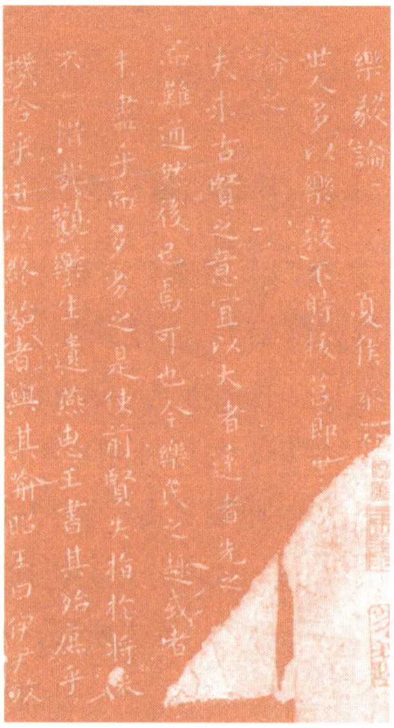

乐毅论（局部）（晋·王羲之）

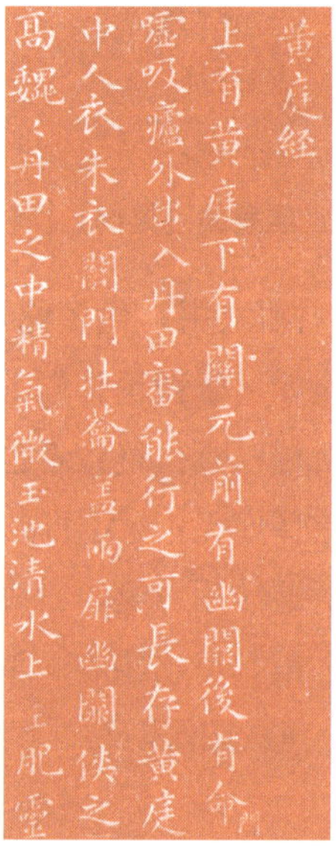

黄庭经（局部）（晋·王羲之）

微课

欧体楷书基本笔画：钩的写法

欧体楷书基本笔画：折的写法

◎ 用笔如折钗股，如屋漏痕，如锥画沙，如壁坼，此皆后人之论。折钗股者，欲其屈折圆而有力；屋漏痕者，欲其无起止之迹；锥画沙者，欲其匀而藏锋；壁坼者，欲其无布置之巧。然皆不必若是。笔正则锋藏，笔偃则锋出，一起一倒，一晦一明，而神奇出焉。

——姜夔《续书谱》

【参考译文】用笔要像“钗骨弯折”，要像“屋角漏痕”，要像“锥子画沙”，要像“墙壁裂纹”，这些都是魏、晋以后的说法。所谓“折钗股”，就是要曲折处圆而有力；所谓“屋漏痕”，就是要看不出起落痕迹；所谓“锥画沙”，就是要横、直画力匀而藏锋；所谓“壁坼”，就是要看不出布置巧思。话是如此说，但并不要求每个字都写成这样。笔执得正，笔锋就内敛，笔管侧卧，笔锋就外露，笔管一起一倒，笔锋一藏一露，这样就有神奇变化出来了。

◎ 吾始学书，对模古帖，止得字形。后举笔不轻落纸，凝思静虑，拟形于心，久之始通其法。既后读明道先生书曰：“吾作字甚敬，非是要字好，只此是学。”既非要字好，又何学也？乃知古人随时随事只在心上学，此心精明，字好亦在其中矣。

——《王阳明年谱》

【参考译文】我当初刚学习书法时，对着古人的法帖临摹，只学得会字形。后来举笔习字，不会轻易在纸上写，而是凝神思考、静心细虑，先在心中构想字的形状，这样过了一段时间才真正领悟到汉字书写的内在法度。之后又读到程明道先生的书上说：“我写字的时候十分恭敬，不是想要把字写好，而是主敬本身就是学问。”既然他并不是要把字写得好看，那么学的是什么呢？这时我才知道，古人时时刻刻面对每一件事情都会在心中做涵养良知的工夫，当心体变得精敏聪明，字自然也会写得好。

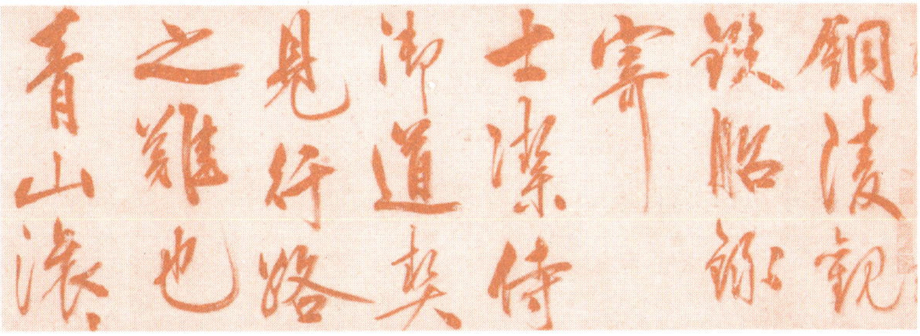

铜陵观铁船歌卷（局部）（明·王守仁）

◎ 图绘者，莫不明劝戒、著升沉，千载寂寥，披图可鉴。虽画有六法，罕能尽该。而自古及今，各善一节。六法者何？一，气韵生动是也；二，骨法用笔是也；三，应物象形是也；四，随类赋彩是也；五，经营位置是也；六，传移模写是也。

——谢赫《古画品录》

【参考译文】至于图画，无不为了起教戒作用，并描绘历史上的兴盛与衰亡，使千百年来无人注意的事情，也可以从画中看到。作画虽有“六法”，但很少有人能够全面的掌握，自古至今，有的只不过擅长其一二而已。“六法”是什么？第一是“气韵生动”；第二是“骨法用笔”；第三是“应物象形”；第四是“随类赋彩”；第五是“经营位置”；第六是“转移模写”。

千里江山图（局部）（北宋·王希孟）

◎ 故鼎钟刻，则识魑魅，而知神奸；旂章明，则昭轨度，而备国制。清庙肃而樽彝陈，广轮度而强理辨。以忠以孝，尽在于云台；有烈有勋，皆登于麟阁。见善足以戒恶，见恶足以思贤。留乎形容，式昭盛德之事，具其成败，以传既往之踪。记传所以叙其事，不能载其容；赋颂，有以咏其美，不能备其象，图画之制，所以兼之也。故陆士衡云："丹青之兴，比《雅》《颂》之述作，美大业之馨香。宣物莫大于言，存形莫善于画。"此之谓也。善哉！曹植有言曰："观画者，见三皇五帝，莫不仰戴；见三季异主，莫不悲惋；见篡臣贼嗣，莫不切齿；见高节妙士，莫不忘食；见忠臣死难，莫不抗节；见放臣逐子，莫不叹息；见淫夫妒妇，莫不侧目；见令妃顺后，莫不嘉贵。是知存乎鉴戒者，图画也。"

——张彦远《历代名画记》

【参考译文】所以，从前在钟鼎上镌刻图案，是为了识别妖魔鬼怪，分辨神灵奸邪。旌旗上表示身份等级的纹样鲜艳夺目，是为了昭明纲纪，完备国家的法度。这样，就能使神圣的宗庙庄严肃穆，让各种祭器陈列有序，东西南北疆域分明，土地或肥或瘠的差别也就清清楚楚。为国家尽忠尽孝的人，都可以悬像于云台；为朝廷建功立业的人，也都可以在麒麟阁留下英姿。这样，使人看见善良的就足以戒除恶习，看见丑恶的就足以想起贤明。将伟人的形象容貌留存下来，就可以显彰他生前盛大的德行；将成功和失败的经历描绘下来，就可以追溯前人走过的道路。史书是用来记述事情的，却不能载录人的容颜；诗文赋颂自有它吟咏之美的作用，但也不具备表现图像的能力。绘图作画的方法，正可以兼具两者之长。所以陆士衡说："绘画中的烘托渲染，诗赋中的铺陈排比，都同样可以赞美千秋功业的深远影响。宣扬事物没有比语言更为合适，而保存形状容貌，则没有比绘画更为擅长的了。"好啊！曹植曾经有过这样的话："看画的人，当见到三皇五帝的时候，没有一个不仰望敬服的；当见到三代的末世君王时，没有一个不感到悲戚惋惜的；当见到夺位篡国的乱臣贼子时，没有一个不恨得咬牙切齿的；当见到具有高风亮节的君子时，没有一个不喜欢得废寝忘食的；当见到忠臣不幸遇难时，没有一个不为此而萌发抗志殉节的愿望的；当见到贤臣良士被驱逐流放时，没有一个不为此而叹息的；当见到伤风败俗道德沦丧的男女时，没有一个不侧目鄙视的；当见到贤惠温顺的王妃国母时，没有一个不称道嘉美的。由此可以知道，保存着历史与现实的借鉴和训诫意义的，正是图画。”

女史箴图　唐摹本（局部）（晋·顾恺之）

经典故事

1. 画牛明志

陶弘景，字通明，丹阳秣陵人也……武帝尝欲征用，隐居画二牛，一以金笼头牵之，一则逶迤就水草，梁武知其意，不以官逼之，朝廷有事，多询之，号山中宰相。

——张彦远《历代名画记》

故事大意：南北朝时梁人陶弘景，字通明，是丹阳秣陵人……梁武帝曾想征召他出仕当官，他在隐居的地方画了两头牛，其中一头牛被人用金笼头牵着走，另一头牛则徐徐漫步于水草边上。梁武帝通过画作知道他隐居不仕的心意，便不再逼他做官。每当朝廷有事的时候梁武帝都会咨询他，他也就有了“山中宰相”的称号。

五牛图（局部）（唐·韩滉）

2. 公权笔谏

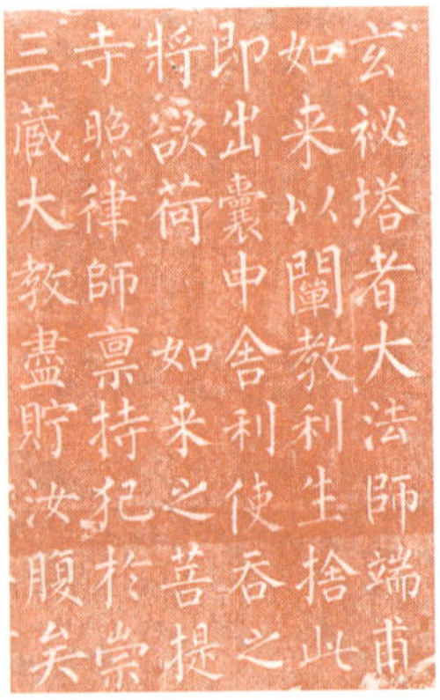

玄秘塔碑（局部）
（唐·柳公权）

帝问公权用笔法，对曰："心正则笔正，笔正乃可法矣。"时帝荒纵，故公权及之。帝改容，悟其以笔谏也。

——《新唐书·列传第八十八》

故事大意： 唐穆宗向柳公权请教使用毛笔的方法，柳公权说："内心端正，下笔便能端正，下笔端正便是合乎法度。"当时穆宗荒废政事、放纵恣肆，所以柳公权故意提到了内心要端正。穆宗听到之后，脸色骤变，知道柳公权是通过讲授笔法来规劝自己要端正品行，成为贤明的君主。

拓展阅读

志于道、据于德、依于仁、游于艺

——以王羲之、王徽之、顾恺之为例（节选）

柯小刚

"群贤毕至，少长咸集"："依于仁"原来是"游于艺"的前提

王子猷雪夜访戴，未及见戴而兴尽返回："吾本乘兴而行，兴尽而返，何必见戴？"然而，如果他在见到戴安道之前尚未尽兴呢？甚至，如果他在见到老朋友之后更加逸兴横飞呢？他的父亲王羲之的《兰亭集序》可以告诉我们，那将是怎样一番兴味："群贤毕至，少长咸集。此地有崇山峻岭，茂林修竹……"

我们不应忘记，王子猷虽然只以个人的兴致为转移而不以是否真的见到朋友为意，但他雪夜登舟的兴致却并非无端而起，而是因思戴而起；乘舟夜游的方向也并不是一任水流，而是有着明确的方向：戴安道所在的剡溪。

因此，如果说“兴”是“游”的前提，那么“相与感发”则是“兴”的前提。不但是朋友之间的相与感发“忽忆戴安道”，也有天人之际的相与感发“夜大雪……四望皎然”和古今之间的相与感发“因起彷徨，咏左思《招隐诗》”，共同促成了王子猷雪夜登舟游剡的兴致。

如果对“个人性情”和“一时兴致”的感发条件和周围情境缺乏比较全面而持久的响应能力，过分强调“个人性情”和“一时兴致”的任性发挥，那么，在书画创作上虽然兴致勃勃、易得笔势和生意，但也容易导致骨节外露、呼应不周、不够涵泳蕴藉的毛病。

比较《万岁通天帖》中的王羲之、王献之、王徽之三人书，我们可以很直观地体会到宋代书家黄伯思论羲之诸子“徽之得其势、献之得其源”的意思（参氏著《东观余论》）。与父亲和弟弟的字比起来，徽之单纯依赖“兴致”的“得势”之笔显然过于直露了些，少了些委婉顾盼的遒媚，气场比较单薄，不及羲、献那般荡气回肠、优游涵泳，越看越想看，爱不释手。

过于随兴直白，藏的意思就少。一打眼感觉有势，但不够耐看。兴致勃勃，又能节制，慢慢来，悠着点，“徐徐接兴”（王羲之论书），才能做到“志气和平，不激不厉，而风规自远”（孙过庭《书谱》论王羲之书）。这样写出的书画，不但有兴致，而且有持久的兴致，里面藏有更多的意思，比一味随兴挥洒的笔墨更耐看。当然，节制太过，也会稀释兴致的浓度，降低作品的直感触动力；审度营为太过，也会伤害兴致的天然畅达，导致匠气的俗品。这就是为什么王子猷雪夜访戴的故事那么重要，而对这个故事的全面深入理解更重要。

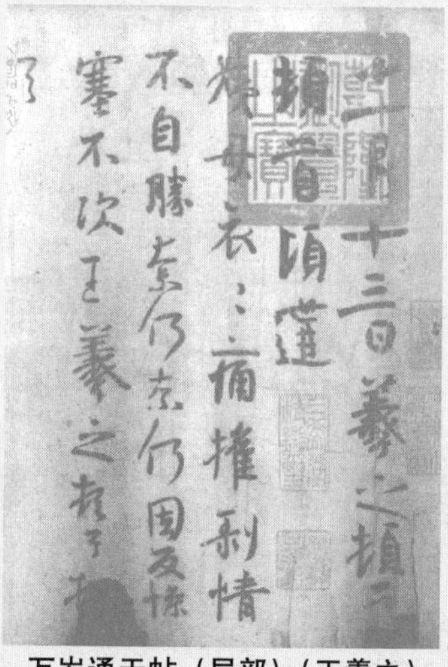

万岁通天帖（局部）（王羲之）

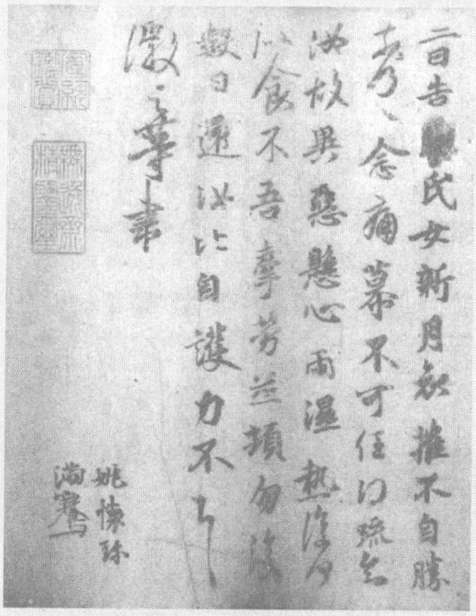

万岁通天帖（局部）（王徽之）

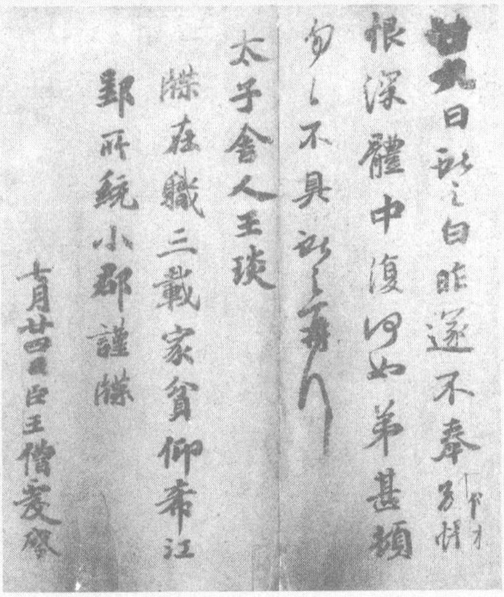

万岁通天帖（局部）（王献之）

诚然，是否想乘舟，是否想见朋友，都取决于王徽之个人的“兴”，然而，我们不要忘了，如果没有天地（雪）、古人（左思）、朋友（戴安道）这些相与感发的外物，所谓“个人的兴致”不知从何生发。有天地人物而有“感”，“感”而起“兴”，“兴”而出“游”，“游”而后有艺术。故孔子曰“依于仁，游于艺”。“依于仁”原来是“游于艺”的前提。虞世南《笔髓论・辨应》云“字为城池，大不虚，小不孤”，相依于仁之谓也。所谓“辨应”，应者，仁也。

“依于仁”之“仁”，何晏集解以为仁人师友，朱子集注以为仁德。解字不同，而义实相通。仁以交友，友以辅仁：有仁性仁德，然后能交仁人师友；交仁人师友，然后能辅仁性、修仁德。无论怎么解，都与“个人”得以成为“个人”的周遭情境有关。故《诗经・卫风・淇奥》云：“瞻彼淇奥，绿竹猗猗。有匪君子，如切如磋，如琢如磨。”《大学》解之曰：“如切如磋者，道学也。如琢如磨者，自修也。”相互切磋与自修其德，都是仁而能感的条件，也是个人能学而成人的条件。自得其乐的兴致和天人之际的感应、古今之间的感通、朋友之间的感怀，都是仁通的表现，总是交融在一起的。故庄子云：“独与天地精神往来而不睥睨于万物”（《天下篇》）。

“亦将有感于斯文”：《兰亭序》感物兴怀的三段式结构

王羲之《兰亭序》的书写情境，就是这样交织着天人之际、朋友之间的相与感发与难以排遣的一己孤怀。天人之际的物我感应和朋友之间的相与感发使个人的孤独生活充满“映带左右”的相与游戏之乐，但死亡的可能性却时刻提醒着每一个人，“个人”终究是有限的、孤往的：“向之所欣，俯仰之间，已为陈迹”，“固知一死生为虚诞，齐彭殇为妄作”。

但在身体必朽的同时，艺术却可以通过笔墨的生气贯通古今的感怀，使已逝的古人悠然如在，与我共同置身于一个可以不断重新感发激活的情境之中：“每览昔人兴感之由，若合一契”，“后之视今，亦犹今之视昔”。原本只是个人的一时一地的情境和感怀通过笔墨的痕迹生动地定格下来，成为永远可以随时重新触发的感怀和随时鲜活再现的情境：这便是“历史”的真实含义。

汤之盘铭曰：“苟日新，日日新，又日新”。日子的重复和新的再现是同一件事情的两个方面。在历史中，原本有限和根本孤独的个人成为“文化”意义上“不朽”的人，也就是在历史中可以不断被后人感知和激活的人。王羲之死了，但《兰亭序》永远存在，即使原作已经陪葬昭陵。《左传》襄公二十四年载叔孙豹所谓立德、立功、立言“三不朽”，貌似“道学先生的说教”，为贾宝玉之类的文青所不喜，但究其实未尝不是“亦将有感于斯文”的感言。惟大人感其大，小人感其小。感其大者养其大体，感其小者养其小体。君子慎其所感，则德日进而艺日精矣。借笔墨传承斯文之命，以述作而感通古今，书画之功至矣。故张彦远《历代名画记》开篇即赞翰墨可以“成教化，助人伦，穷神变，测幽微，与六籍同功，四时并运”。

所以，短短一篇《兰亭序》经历了一波三折的思想历程：首先是“崇山峻岭”“茂林修竹”“天朗气清”“惠风和畅”“仰观俯察”的天地感怀之乐和“群贤毕至”“少长咸集”“流觞曲水”“畅叙幽情”的朋友相与之乐。其次是有感于“老之将至”“情随事迁”“修短随化”“终期于尽”“死生亦大”的沉痛感叹。最后，通过斯文不灭的文化历史生命，却又回归到可感的慰藉：“虽世殊事异，所以兴怀，其致一也。后之览者，亦将有感于斯文。”“斯文之命”是王羲之最终托身的崇山峻岭，也是历代中国士子念兹在兹、生息于斯的茂林修竹。

总结起来，《兰亭序》全部三段意思的核心和衔接的关节可以说就是“感”：首先，能感于天地山川人物之应，所以快乐。其次，忧怀这种鲜活的相感相应不能持久，人终有一死（无感无应就是死亡）。最后，却是死亡带来的历史性重新把人带入一个可以超越死亡的可感空间，这个空间便是“文”：“后之览者，亦将有感于斯文”。

兰亭序（冯承素　摹本）（神龙本）

“亦将有感于斯文”：《兰亭序》书写情境与笔法章法的相应变化

《兰亭序》文章意思上的跌宕起伏，伴随书写时的情绪波动，也直观地体现在《兰亭序》书法的用笔、书体、书写速度、章法等各方面的前后变化中。起初三行的字距行距显然大于后面，字体也较工整，犹如琴曲的开端，或山水长卷的起首，平林漠漠，山势渐开。

从“此地有崇山峻岭”开始，书写进入非常悠然自得、心手两畅的状态。《兰亭序》最为人津津乐道的笔法的丰富多变，譬如“带”“畅”二字起笔方向的神妙莫测，“骋”“娱”二字提笔的遒媚多姿等等，都出现在“崇山峻岭”之后、“信可乐也”之前。这一段是全文思绪最顾盼飞扬的一段，也是全帖书法最姿态万千的一段。

然而，从“（俯仰）一世，或取诸怀抱”一行开始，尤其是从“趣舍万殊”一行开始，随着文意和书写者思想感情的变化，行距和字距又突然有所紧缩，行笔速度有所加快，笔法的“摇曳生姿感”逐步变得更有“沉着痛快感”。

感情的沉郁也开始导致文思的踌躇，这在书写上直观表现为涂改的出现。第一处涂改就出现在这一段的第二行，“或因寄所托”的“因”。随后又陆续出现了“向之”“痛”“悲夫”“文”等四处涂改。不无巧合的是，如果我们把这几处涂改的文字串在一起，正好可以完整勾勒《兰亭序》后半文意的思路，呈现其苍茫思绪和沉痛感慨。

我们可以把帖子后半出现的五处涂改和前面在第四行出现的“崇山”两个漏字插入做一个比较：同样是正误，但“崇山”的插入漏字并不伴随涂抹（当然也不需要涂抹），而且气定神闲，从容不迫，非常安稳地托在“峻”字的末笔捺脚上；而后面的五处涂改则显然是在高度紧张的作文思绪和比较急促的书写速度中产生的。

通过这些细节的观察，我们可以看出王羲之的书写游艺是如何“依于仁”的，也就是说，是多么即时性的和情境化的。在书写者和他置身其中的天地、人物情境之间，在思路的转换和情绪的变迁中，一个成熟书家的笔墨成为忠实的“心电仪”，记录了每一点细微的波动。以至于千百年后的观赏者面对这份“记录”，立刻就被它调谐，与古人一起共振。

这些笔法和章法的前后变化在忠实原作的冯承素勾摹本（神龙本）中都可以看到，在褚遂良摹本中也可以看到一些，而在虞世南和欧阳询的临本中，却都被一种相对平静的临写状态匀质化了。原作的戏剧性情境被敉（mǐ）平为临摹者的常态情境，原作者的兴致和思绪的即时性波动被熨帖为临摹的匀速运动。与冯、褚摹本相比，虞、欧临本的用笔和姿态相对单一，字距行距趋向均匀，书写速度和字体更加统一。在欧阳询临本（定武本）中，甚至增加了行线格子，字体更近楷书，达到了最大程度的“去情境化”、匀质化和规范化。

当然，虞、欧临本优于冯摹本的地方却又在于：这三个临本都融入了临写者的生命气质，而冯摹本则完全是舍己从人的勾摹。褚摹本则介于二者之间：一方面是尽量忠于原作的勾摹，一方面又力求通过更加自然的书写还原王羲之原初的书写情境和状态。虞、欧临本的相对平静不是因为他们对原作理解不足所致，而是临写者忠实于自己的临写情境所致。在这个意义上又可以说，冯摹本虽然更忠实于原作者的书写情境所带来的形态变化，但却是更脱离临摹者自身的临摹情境的；而虞、欧、褚临本虽然更远离原作的书写情境及其形态变化，但是却更忠于临摹者自身的临摹情境。

所以，在这个意义上，我们或许又可以说，冯承素的勾摹更是“去情境化”的摹写，而虞、欧的对临则是更加“情境化”的临写。褚摹本则是试图融合原作情境和临摹情境的临摹书写。这种结合如果能做到浑然一体，人我两忘，就会产生最好的临摹作品。但这几乎是不可能的，所以褚摹本虽是最可贵的尝试，但从人不及冯摹本，从己不如虞、欧临本；跌宕多姿不及冯摹本，平淡冲和不及虞、欧临本。

（资料来源：柯小刚．心术与笔法：虞世南〈笔髓论〉注及书画讲稿．杭州：浙江人民美术出版社，2016. 有删节．）

兰亭序（虞世南　临本）

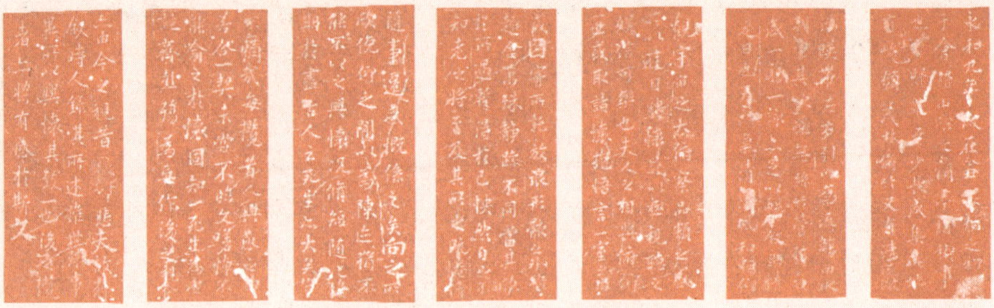

兰亭序（欧阳询　临本）（定武本）

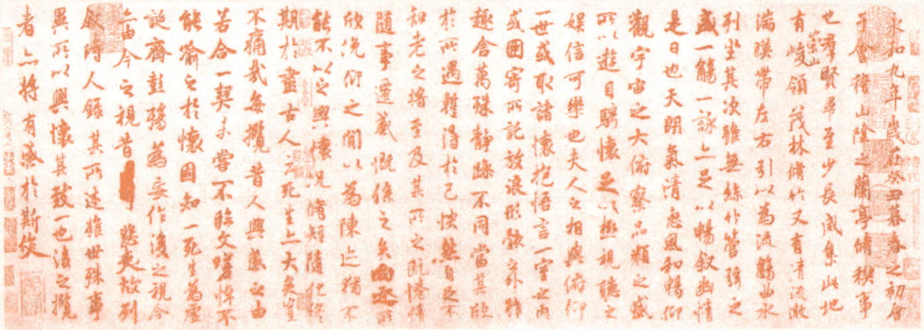

兰亭序（褚遂良　摹本）

行为训练

1. 通过网络了解你所在城市的博物馆、艺术馆等文化场馆的艺术展览信息，定期赴展观摩。

2. 关注故宫博物院官网、“学习强国”等网络平台，观看书画艺术相关讲座、推文，进一步加深对书画艺术的理解。

3. 每天用硬笔抄写一段经典文本，要求做到字迹端正、不潦草。

4. 若条件允许，深入地学习书法或国画。

第五章　茶艺体验

茶是中华民族的举国之饮，它发乎神农氏，闻于鲁周公，兴于唐朝，盛于宋代，经历了药用、食用、饮用等不同历史阶段，期间融合了中国传统文化思想，形成了中华民族独特的茶文化。茶文化包括茶艺、茶道以及与茶有关的诸多文化现象。其中，茶艺是茶文化的外在表现形式，包括泡茶的技艺和品茶的艺术，讲究茶叶的品质、冲泡的技艺、茶具的玩赏、品茶的环境等，是百姓日常的生活艺术。中华茶艺的形式经历了煮茶茶艺、煎茶茶艺、点茶法以及泡茶茶艺的流变，至今仍在不断地发展演化。茶道是茶文化的核心，旨在以茶为介修身养性、感悟人生、参悟大道。比如儒家从茶中发现伦常、道德、礼仪、文化，提出以茶养廉，以茶修身；佛家从茶中体味苦寂，明心见性，以助禅悟；道家从茶中感悟天道、人道，达到虚静逍遥的境界。

微课

品茶礼仪

饮茶有助于解渴消乏，托物寄怀，参禅悟道，修身养性，是物质和精神的双重享受。所以国人惯于以茶会友，以茶兴艺，以茶行道，以茶为礼，以茶养性，不断丰富着中华茶文化的社会功能和精神内涵。

典型案例

案例　“茶叙”外交

茶叶是中国老百姓再熟悉不过的东西。自古以来，中国茶叶随着丝绸之路传到欧洲、逐渐风靡世界，与丝绸、瓷器等，被认为是共结和平、友谊、合作的纽带。在外交场合，习近平总书记经常以茶为媒，阐述中国发展理念，与各国共话友好未来。

2014 年 4 月，习近平总书记在比利时布鲁日欧洲学院的演讲中说：“正如中国人喜欢茶而比利时人喜爱啤酒一样，茶的含蓄内敛和酒的热烈奔放代表了品味生命、解读世界的两种不同方式。但是，茶和酒并不是不可兼容的，既可以酒逢知己千杯少，也可以品茶品味品人生。中国主张‘和而不同’，而欧盟强调‘多元一体’。中欧要共同努力，促进人类各种文明之花竞相绽放。”

作为中国传统待客之道和标志性文化符号，茶也被频频带到外交场合。“茶叙”似乎正在成为中国外交的一道别样风景。

阅后思考

1. 参考案例，说一说中国茶文化具有怎样的特质？
2. 为了获得更好的饮茶体验，你认为可以从哪些层面品饮茶汤？

经典文本

微课

中国茶文化：绿茶

◎ 茶者，南方之嘉木也，一尺二尺，乃至数十尺。其巴山峡川有两人合抱者，伐而掇（duō）之，其树如瓜芦，叶如栀子，花如白蔷薇，实如栟榈（bīng lǘ），蒂如丁香，根如胡桃。

——唐·陆羽《茶经》

【参考译文】茶是我国南方最珍贵的常绿树。树的高度由一尺、二尺，直到数十尺。在川东鄂西一带，有主干粗到两人合抱的茶树，砍下枝条，才能采摘茶叶。茶树的形态像瓜芦，叶像栀子，花像白蔷薇，果实像栟榈，蒂像丁香，根像胡桃。

陆羽烹茶图（局部）（元·赵原）

微课

中国茶文化：红茶

◎ 茶之为用，味至寒，为饮最宜。精行俭德之人，若热渴、凝闷、脑疼、目涩、四肢烦、百节不舒，聊四五啜，与醍醐、甘露抗衡也。

——唐·陆羽《茶经》

【参考译文】茶的效用，因其性至寒，用作饮料，最为适宜。注意操行和俭德的人，如感到热渴、凝闷、头疼、眼涩、四肢疲劳、关节不舒服，只要饮茶四五口，就同饮用醍醐、甘露不相上下。

◎ 茶之为物，可以助诗兴，而云山顿色，可以伏睡魔，而天地忘形，可以倍清谈，而万象惊寒，茶之功大矣。其名有五：曰茶、曰槚、曰蔎、曰茗、曰荈。一云早取为茶，晚取为茗。食之能利大肠，去积热，化痰下气，醒睡，解酒，消食，除烦去腻，助兴爽神。得阳春之首，占万木之魁。

——明·朱权《茶谱》

【参考译文】茶，可以助兴写诗，可让浮云山河为之一变；茶，可以降服睡意，忘形于天地之间；茶，可以增加谈性，言辞能触及万千之象，茶的功用实在是非常大。茶有五种名称：茶、槚、蔎、茗、荈。有一种说法，早晨摘采的叫作茶，晚上摘采的叫作茗。以此为食，能利大肠，去积热，化痰下气，醒睡，解酒，消食，除烦去腻，助兴爽神。在各种草木中，茶最先沐浴春阳。

◎ 至若茶之为物，擅瓯闽之秀气，钟山川之灵禀，祛襟涤滞，致清导和，则非庸人孺子可得而知矣，冲淡简洁，韵高致静，则非遑遽之时可得而好尚矣。

——宋·赵佶《大观茶论·序》

【参考译文】至于茶，它凝聚了瓯闽山川的灵秀气韵，寄寓着美好的禀性。饮着茶，祛除了心灵的郁结，荡涤了心中的愁闷，茶带给人们清闲而平和的感受，这种妙处不是平常人和妇孺之流所能领会的了。饮茶时，内心淡泊、纯和，气质高雅，意态宁静，这断然不是那种举止慌乱、手足无措的人能够消受得起的情趣。

微课

中国茶文化：黑茶

◎ 茶，起于东晋，盛于今朝。其性精清，其味浩洁，其用涤烦，其功致和。参百品而不混，越众饮而独高。

——唐·裴汶《茶述》

【参考译文】茶，起源于东晋，盛行于唐朝。其本性精良清澈，其味道丰富纯净，其作用是消除烦恼，其功能是达到中和。即使在百种物品中也不会相混，而且会超越各种饮品而独具风味。

微课

中国茶文化：青茶

文会图轴（局部）（唐·佚名）

经典故事

1. 禅林法语吃茶去

微课

中国茶文化：白茶

微课

中国茶文化：黄茶

师问二新到：“上座曾到此间否？”

云：“不曾到。”

师云：“吃茶去！”

又问那一人：“曾到此间否？”

云：“曾到。”

师云：“吃茶去！”

院主问：“和尚不曾到，教伊吃茶去，即且置；曾到为什么教伊吃茶去？”

师云：“院主。”

院主应诺。

师云：“吃茶去！”

——《五灯会元》卷四

撵茶图（传）（局部）（宋·刘松年）

故事大意：赵州和尚，法号从谂，是禅宗史上震古烁今的一位大师，人称“赵州古佛”。有两位僧人从远方来到赵州，向赵州禅师请教如何是禅。赵州禅师问其中的一个，“你以前来过吗？”那个人回答：“没有来过。”赵州禅师说：“吃茶去！”赵州禅师转向另一个僧人，问：“你来过吗？”这个僧人说：“我曾经来过。”赵州禅师说：“吃茶去！”这时，引领那两个僧人到赵州禅师身边来的监院就好奇地问：“禅师，怎么来过的你让他吃茶去，未曾来过的你也让他吃茶去呢？”赵州禅师称呼了监院的名字，监院答应了一声，赵州禅师说：“吃茶去！”这便是千古禅林流传的“吃茶去”的来历。

2. 栊翠庵茶品梅花雪

当下贾母等吃过茶，又带了刘姥姥至栊翠庵来。妙玉相迎进去。众人至院中，见花木繁盛，贾母笑道："到底是他们修行的人没事，常常修理，比别处越发好看。"一面说，一面便往东禅堂来。妙玉笑往里让。贾母道："我们才都吃了酒肉，你这里头有菩萨，冲了罪过。我们这里坐坐，把你的好茶拿来，我们吃一杯就去了。"

宝玉留神看她是怎么行事。只见妙玉亲自捧了一个海棠花式雕漆填金云龙献寿的小茶盘，里面放一个成窑五彩小盖钟，捧与贾母。贾母道："我不吃六安茶。"妙玉笑说："知道，这是老君眉。"贾母接了，又问："是什么水？"妙玉道："是旧年蠲（通涓：清洁）的雨水。"贾母便吃了半盏，笑着递与刘姥姥，说："你尝尝这个茶。"刘姥姥便一口吃尽，笑道："好是好，就是淡些，再熬浓些更好了。"贾母众人都笑起来。然后众人都是一色官窑脱胎填白盖碗。

那妙玉便把宝钗和黛玉的衣襟一拉，二人随她出去，宝玉悄悄的随后跟了来。只见妙玉让他二人在耳房内，宝钗便坐在榻上，黛玉便坐在妙玉的蒲团上。妙玉自向风炉上扇滚了水，另泡一壶茶。宝玉便走了进来，笑道："偏你们吃体己茶呢。"二人都笑道："你又赶了来餐茶吃。这里并没你的。"妙玉刚要去取杯，只见道婆收了上面的茶盏来。妙玉忙命将那成窑的茶杯别收了，搁在外头去罢。宝玉会意，知为刘姥姥吃了，她嫌腌臜不要了。

又见妙玉另拿出两只杯来。一个旁边有一耳，杯上镌着"瓟斝"三个隶字，后有一行小真字是"晋王恺珍玩"，又有"宋元丰五年四月眉山苏轼见于秘府"一行小字。妙玉便斟了一斝，递与宝钗。那一只形似钵而小，也有三个垂珠篆字，镌着"点犀䀉"。妙玉斟了一䀉与黛玉。仍将前番自己常日吃茶的那只绿玉斗来斟与宝玉。

宝玉笑道："常言'世法平等'，她两个就用那样古玩奇珍，我就是个俗器了。"妙玉道："这是俗器？不是我说狂话，只怕你家里未必找的出这么一个俗器来呢。"宝玉笑道："俗说'随乡入乡'，到了你这里，自然把那金珠玉宝一概贬为俗器了。"妙玉听如此说，十分欢喜，遂又寻出一只九曲十环，一百二十节，蟠虬整雕竹根的一个大盏出来，笑道："就剩了这一个，你可吃得了这一海？"宝玉喜的忙道："吃的了。"妙玉笑道："你虽吃得了，也没这些茶糟踏。岂不闻'一杯为品，二杯即是解渴的蠢物，三杯便是饮牛饮骡了'。你吃这一海，更成什么？"说的宝钗、黛玉、宝玉都笑了。妙玉执壶，只向海内斟了约有一杯。宝玉细细吃了，果觉轻淳无比，赏赞不绝。妙玉正色道："你这遭吃茶是托她两个的福，独你来了，我是不给你吃的。"宝玉笑道："我深知道，我也不领你的情，只谢他二人便了。"妙玉听了，方说："这话明白。"

黛玉因问："这也是旧年的雨水？"妙玉冷笑道："你这么个人，竟是大俗人，连水也尝不出来。这是五年前我在玄墓蟠香寺住着，收的梅花上的雪，统共得了那一鬼脸青的花瓮一瓮，总舍不得吃，埋在地下，今年夏天才开了。我只吃过一回，这是第二回了。你怎么尝不出来？隔年蠲的雨水，那有这样轻淳？如何吃得？”宝钗知她天性怪僻，不好多话，亦不好多坐，吃完茶，便约着黛玉走出来。

宝玉和妙玉陪笑道：“那茶杯虽然腌臜了，白撂了岂不可惜？依我说，不如就给那贫婆子罢，他卖了也可以度日。你说使得么？”妙玉听了，想了一想，点头说道：“这也罢了。幸而那杯子是我没吃过的，若是我吃过的，我就砸碎了也不能给她。你要给他，我也不管，你只交给她，快拿了去罢。”宝玉道：“自然如此，你那里和他说话去，越发连你腌臜了。只交给我就是了。”妙玉便命人拿来递给宝玉。

宝玉接了，又道：“等我们出去了，我叫几个小幺儿来，河里打几桶水来洗地，如何？”妙玉笑道：“这更好了，只是你嘱咐他们，抬了水，只搁在山门外头墙根下，别进门来。”宝玉道：“这是自然的。”说着，便袖着那杯，递给贾母房中小丫头子拿着，说：“明日刘姥姥家去，给她带去罢。”交代明白，贾母已经出来要回去。妙玉亦不甚留，送出山门，回身便将门闭了。不在话下。

——《红楼梦》第四十一回

故事大意：《红楼梦》是中国古典小说的巅峰作品，是传统文化集大成者。书中对社会风俗、典章制度、衣着风物等描写丰富而细致。就饮茶而言，书中言及茶事达 260 余处，咏及茶的诗词联句有十余首，集名清以来各类饮茶之大成，可谓多姿多彩，蔚为大观。在《红楼梦》写到的诸多茶事中，最为典型的是第 41 回的“栊翠庵茶品梅花雪”。这一段是对妙玉款待众人饮茶的描写，主要讲的是品茶。品茶不仅要择茶选水，对茶具的选择也极其考究。比如妙玉请贾母吃的是产自湖南洞庭湖的君山银针，名为“老君眉”，用的茶具是“成窑五彩泥金小盖钟”，烹茶的水是“旧年蠲的雨水”；她招待宝黛钗的“体己茶”，用的是五年前在玄墓蟠香收的梅花上的雪，使用的茶具也极为精美珍奇。妙玉对饮茶“一杯为品，二杯即是解渴的蠢物，三杯便是饮牛饮骡了”的一番议论更是亦庄亦谐，意趣盎然。

拓展阅读

走笔谢孟谏议寄新茶

（唐）卢仝

日高丈五睡正浓，军将打门惊周公。
口云谏议送书信，白绢斜封三道印。
开缄宛见谏议面，手阅月团三百片。

闻道新年入山里，蛰虫惊动春风起。
天子须尝阳羡茶，百草不敢先开花。
仁风暗结珠琲瓃，先春抽出黄金芽。
摘鲜焙芳旋封裹，至精至好且不奢。
至尊之余合王公，何事便到山人家。
柴门反关无俗客，纱帽笼头自煎吃。
碧云引风吹不断，白花浮光凝碗面。
一碗喉吻润，两碗破孤闷。
三碗搜枯肠，唯有文字五千卷。
四碗发轻汗，平生不平事，尽向毛孔散。
五碗肌骨清，六碗通仙灵。
七碗吃不得也，唯觉两腋习习清风生。
蓬莱山，在何处？玉川子，乘此清风欲归去。
山上群仙司下土，地位清高隔风雨。
安得知百万亿苍生命，堕在巅崖受辛苦。
便为谏议问苍生，到头还得苏息否？

卢仝烹茶图（传）（局部）（元·钱选）

［赏析］

这首诗是唐代诗人卢仝品尝友人谏议大夫孟简所赠新茶之后的即兴作品，是体现儒家茶道精神的典范之作。卢仝被后人誉为茶之“亚圣”，不仅由于他以饱满的笔墨描绘出饮茶的意境，而且特别强调了儒家的治世精神，是对唐代正式形成的中国茶文化精神的总结。这首诗，可分三部分。第一部分以军将打门，谏议送茶写起，表面看是用铺陈的方法写过程，但实际既包括礼仪精神，又包含伦序与讽谏。谏议送茶，已含“以茶交友”之意，是讲茶对人际友谊的作用。“天子须尝阳羡茶，百草不敢先开花”，又含了伦序。有的说从这里便开始讽谏，其实，以卢仝这位封建文人说，先明伦序更符合他的思想。而“仁民暗结”，夸赞茶性“不奢”，又表达了儒家仁爱和养廉的精神。若说专以帝王、公侯与小民饮茶对比，也未免牵强。诗人首先以礼仪、伦序、友爱、仁义点出饮茶宗旨，倒更符合其思想。第二部分当然是全诗精华，“一碗喉吻润”，还只是物质效用。“两碗破孤闷”，已经开始对精神发生作用了。三碗喝下去，神思敏捷，李白斗酒诗百篇，卢生却三碗茶可得五千卷文字。四碗之时，人间的不平，心中的块垒，都用茶浇开，正说明儒家茶人为天地立命的奋斗精神。待到五碗、六碗之时，便肌清神爽，而有得道通神之感。表面看，饮到最后似有离世之意，但实际上，真正关心人间疾苦的茶人是不可能飞上蓬莱仙山的。所以，笔锋一转，便到第三部分，想到茶农的巅崖之苦，请孟谏议转达对亿万苍生的关怀与问候。这里，才是真正的讽谏，是表达茶人“为生民立命”的精神。

行为训练

1. 从红茶、绿茶、白茶、黄茶、青茶、黑茶六大茶中任选一种茶类，多途径收集相关资料，制作一个介绍该茶类的 PPT 或视频（可从茶品、冲泡、品饮、功效等角度入手）。

2. 学会冲泡、品饮任一款茶叶，并谈谈自己的冲泡品饮感受。

阅读建议

1. 李炳南：《常礼举要讲记》。
2. 彭林：《礼乐文明与中国文化精神》。
3. 陈超敏：《沧浪诗话评注》。
4. 叶嘉莹：《古典诗歌吟诵九讲》。
5. 易存国：《中国古琴艺术》。
6. 蒋勋：《汉字书法之美》。
7. 张彦远撰，承载译注：《历代名画记全译》。
8. 郭孟良：《中国茶典》。

“十二五”职业教育国家规划教材
经全国职业教育教材审定委员会审定

国学教养教育丛书
立体化教材
丛书主编　宋婕

中華傳統文化精粹（第三版）课程修习手册

主编　宋婕

中国人民大学出版社
·北京·

注　意:

1. 请认真阅读本手册，按手册指引修习课程、完成相关作业。

2. 本手册须在本学期最后一次课结束后当堂上交任课教师以评定成绩。

3. 请小心保管本手册，遗失不予重发。

目录

课程简介

《中华传统文化精粹》课程为中华优秀文化公共必修课，共36学时，2学分。课程采用理论精粹与国学体验相结合的教学模式，通过“礼敬师长一吟唱雅乐一修身正坐一经典读写一经典智慧一雅艺体验一每课一礼一学行反思”等教学环节，以儒家、道家和佛学思想的经典为依据，以“国学与人生”为主线，致力于传达国学的魅力与先贤的智慧，不仅使学生的综合素质得以提升，更获得心灵的滋养和净化。课程凸显国学的整体性，贴近学生生活，注重国学的运用，追求知行合一。

课程考核

本课程成绩由教师根据学生日常修习、国学实践和期终考核等情况综合评定，尤其重注过程性考核。其中过程考核及评价占50%，根据课前、课中、课后各环节学生的综合表现以及每周完成本修习手册情况给出；能力考核及评价占40%，根据学生完成课程安排的实践学习项目情况给出；素质考核占10%，通过案例设计与解析，由教师测试学生解决实际问题的能力。具体细则如下：

1. 学生出勤将严格按照学校相关规定进行管理，无故缺、旷课超过总课时三分之一的将不能获得本课成绩；

2. 学生应每周填写经典学习记录（附件1）；

3. 学生应在实践课后填写《实践学习日志》（附件2）；

4. 学生应在该学期最后一堂课完成期末作业并上交本手册（附件3）。

网络资源

一、职业教育专业教学资源库标准化课程《四书五经导读》（省级精品在线开放课程）

1. 网页版使用步骤

打开微知库网站 http：//jnzyk. 36ve. com →登录账号（首次登录根据实际情况

填写注册信息）→选择《四书五经导读》课程进入学习界面。

2. 手机版使用步骤

下载微知库 App→登录账号（首次登录根据实际情况填写注册信息）→选择“儒家文化”专业→选择《四书五经导读》课程进入学习界面。

二、智慧职教 MOOC 学院《国学精粹》(网页版)

打开网址：https：//icve－mooc. icve. com. cn/cms/index. htm→登录账号（首次登录根据实际情况填写注册信息）→右上方搜索栏搜索“国学精粹”课程→点击“国学精粹”课程进入课程页面，点击“加入课程”，进入学习界面。

三、学堂在线《四书五经导读》

打开网址 https：//www. xuetangx. com/→登录账号（首次登录根据实际情况填写注册信息）→右上方搜索栏搜索“四书五经导读”课程→点击“四书五经导读”课程进入课程页面，点击“加入学习”，进入学习界面。

附件 1

经典学习记录

模块一 · 绪论

日期：　　　年　　　月　　　日
课程主题： 主要内容：
经典读写

经典智慧

经典（现实）案例：

解决方法：

雅艺实践/每课一礼

学习主题：

主要内容：

学行反思

请写下课程学习心得、具体行为反省或提出自己希望解决的问题（问题要具体）：

课后经典抄写

经典学习记录

模块二 · 第一编第一章

日期：　　年　　月　　日
课程主题： 主要内容：
经典读写

经典智慧

经典（现实）案例：

解决方法：

雅艺实践/每课一礼

学习主题：

主要内容：

学行反思

请写下课程学习心得、具体行为反省或提出自己希望解决的问题（问题要具体）：

课后经典抄写

经典学习记录

模块三 · 第一编第二章

日期：　　年　　月　　日
课程主题： 主要内容：
经典读写

经典智慧

经典（现实）案例：

解决方法：

雅艺实践/每课一礼

学习主题：

主要内容：

学行反思

请写下课程学习心得、具体行为反省或提出自己希望解决的问题（问题要具体）：

课后经典抄写

经典学习记录

模块四·第一编第三章

日期： 年 月 日
课程主题： 主要内容：
经典读写

经典智慧

经典（现实）案例：

解决方法：

雅艺实践/每课一礼

学习主题：

主要内容：

学行反思

请写下课程学习心得、具体行为反省或提出自己希望解决的问题（问题要具体）：

课后经典抄写

经典学习记录

模块五 ·第二编第一章

日期： 年 月 日
课程主题： 主要内容：
经典读写

经典智慧

经典（现实）案例：

解决方法：

雅艺实践/每课一礼

学习主题：

主要内容：

学行反思

请写下课程学习心得、具体行为反省或提出自己希望解决的问题（问题要具体）：

课后经典抄写

经典学习记录

模块六 · 第二编第二章

日期：　　　年　　　月　　　日
课程主题： 主要内容：
经典读写

经典智慧

经典（现实）案例：

解决方法：

雅艺实践/每课一礼

学习主题：

主要内容：

学行反思

请写下课程学习心得、具体行为反省或提出自己希望解决的问题（问题要具体）：

课后经典抄写

经典学习记录

模块七 · 第二编第三章

日期：　　年　　月　　日
课程主题： 主要内容：
经典读写

经典智慧
经典（现实）案例：   解决方法：

雅艺实践/每课一礼
学习主题： 主要内容：

学行反思
请写下课程学习心得、具体行为反省或提出自己希望解决的问题（问题要具体）：

课后经典抄写

经典学习记录

模块八 · 第三编第一章

日期：　　　年　　　月　　　日
课程主题： 主要内容：
经典读写

经典智慧

经典（现实）案例：

解决方法：

雅艺实践/每课一礼

学习主题：

主要内容：

学行反思

请写下课程学习心得、具体行为反省或提出自己希望解决的问题（问题要具体）：

课后经典抄写

经典学习记录

模块九 · 第三编第二章

日期：　　　年　　　月　　　日
课程主题： 主要内容：
经典读写

经典智慧

经典（现实）案例：

解决方法：

雅艺实践/每课一礼

学习主题：

主要内容：

学行反思

请写下课程学习心得、具体行为反省或提出自己希望解决的问题（问题要具体）：

课后经典抄写

经典学习记录

模块十 · 第三编第三章

日期：　　　年　　　月　　　日

课程主题：

主要内容：

经典读写

经典智慧

经典（现实）案例：

解决方法：

雅艺实践/每课一礼

学习主题：

主要内容：

学行反思

请写下课程学习心得、具体行为反省或提出自己希望解决的问题（问题要具体）：

课后经典抄写

经典学习记录

模块十一 · 第三编第四章

日期：　　　年　　　月　　　日

课程主题：

主要内容：

经典读写

经典智慧

经典（现实）案例：

解决方法：

雅艺实践/每课一礼

学习主题：

主要内容：

学行反思

请写下课程学习心得、具体行为反省或提出自己希望解决的问题（问题要具体）：

课后经典抄写

经典学习记录

模块十二 ·第三编第五章

日期：　　　年　　　月　　　日

课程主题：

主要内容：

经典读写

经典智慧

经典（现实）案例：

解决方法：

雅艺实践/每课一礼

学习主题：

主要内容：

学行反思

请写下课程学习心得、具体行为反省或提出自己希望解决的问题（问题要具体）：

课后经典抄写

实践学习日志

实践一			
时　间		地　点	

学习内容：

实践二			
时　间		地　点	

实践报告：

实践三			
时　间		地　点	

实践报告：

期末作业

案例：

请运用所学经典智慧为上述案例提供 1—2 种解决方案。